Johannes Lenz

Lebensgemeinschaft und Trauung

JOHANNES LENZ

LEBENSGEMEINSCHAFT UND TRAUUNG

DAS SAKRAMENT DER EHE

URACHHAUS

CIP-Kurztitelaufnahme der Deutschen Bibliothek

Lenz, Johannes:

Lebensgemeinschaft und Trauung : d. Sakrament d. Ehe /
Johannes Lenz. –
Stuttgart : Urachhaus, 1985.
ISBN 3-87838-427-0

Einbandgestaltung von Hans Joachim, Stuttgart.
Satz und Druck der Offizin Chr. Scheufele, Stuttgart.

INHALT

VORWORT

Die Lebensgemeinschaft von Mann und Frau steht in den 80er Jahren des 20. Jahrhunderts grundsätzlich in Frage. Die Kräfte der Persönlichkeitsentfaltung sind so stark geworden, daß sie jede soziale Gemeinschaft zu sprengen drohen. Soziale Bindungen, ob in der Ehe, Familie oder Kirche, erscheinen nicht mehr zeitgemäß. Vielfach wird die Ehe geradezu als überholte Einrichtung gewertet.

Der Autor hat seit mehr als 30 Jahren Menschen auf die Ehe vorzubereiten und als Seelsorger in Fragen und Schwierigkeiten der Eheführung zu beraten. Dabei ist ihm auf der einen Seite das Sakrament der Ehe, wie es die Christengemeinschaft pflegt, Ideal und zukünftiger Maßstab. Auf der anderen Seite ist die eigne Ehe mit eigenen Kindern eine wichtige Erfahrungshilfe. Dieses Buch soll die Summe im Geistigen und Lebenspraktischen ziehen.

Der Arzt und Eheberater wird aus seiner Sicht erweitern und ergänzen müssen. Bei ihm kann Rat gesucht werden. – Hier ist aus der Sicht des Priesters gesprochen, dessen Aufgabe die Heiligung des Lebens in allen wichtigen Bereichen ist. Das Buch wurde so konzipiert, daß auch einzelne Teile herausgegriffen werden können.

Es sei meiner lieben Frau und meinen Kindern zugedacht.

Michaeli 1985 *Johannes Lenz*

VOM WESEN DER GESCHLECHTER

Schöpfung und Bild des Menschen

Die Frage nach dem Sinn der Ehe und damit nach der christlichen Form der Lebensgemeinschaft von Mann und Frau zielt auf die Frage nach dem Bild vom Menschen. Es geht ja zum einen in der Ehe um den Menschen, der leiblich gezeugt werden kann; zum anderen um den Menschen, der aus der Polarität von Mann und Frau seelisch und geistig immer neu hervorgebracht werden kann. Das Wesen des Menschen – das sich im Urbild darstellt –, das Ideal, in dem alles Menschliche zusammengefaßt ist, muß klar und deutlich über der äußeren Wirklichkeit stehen.

Der Mensch ist das Ziel der Schöpfung. Er bildet die Mitte der Schöpfungswelt. In sich trägt er in seinem Körper das Feste und Mineralische. Als Lebewesen, das zwischen Geburt und Tod sein Erdenleben lebt, ist er der Pflanzenwelt verwandt. Sein Seelenleben entspricht zumindest im niederen Teil den beseelten Tieren. Doch über die drei Seinsstufen der lebendigen Natur hinaus stellt er als Person und Geistträger ein Reich für sich dar, das Reich des Menschen. In diesem Reich trägt er die Krone der Schöpfung. In ihm erreicht das Werden der Welt sein erstes Evolutionsziel. Als höchstes Geschöpf Gottes, das am »sechsten Tage« der Erschaffung der Welt ins Dasein tritt, gab Gott ihm Veranlagung und Möglichkeit, über die

Geschöpflichkeit hinauszuwachsen. Er vermag kraft seiner Persönlichkeit und seiner Ebenbildlichkeit Gottes, zum Mit-Schöpfertum aufzusteigen.

Die Schöpfungsgeschichte der Bibel sagt im 1. Buch Moses Grundlegendes zur Frage des Menschen und zum Problem von Mann und Frau aus. Sie spricht in Bildern. Mythen müssen angeschaut und dann behutsam gedeutet werden. Die Interpretation der Bilder der Schöpfung von Erde und Mensch bestimmt letztlich alle Bereiche des Lebens durch die Art dieses Menschenbildes. Ob der Mensch das höchstentwickelte Tier, ob er menschgewordener Affe ist; ob er nichts und sein Volk alles ist; ob er der Freiheit fähig und ein Geschöpf Gottes ist, das zum Schöpfersein berufen ist: Jede Anschauung und jedes Bild vom Menschen wird das ganze Leben grundlegend beeinflussen.

Rudolf Frieling verdanken wir eine tief spirituelle Interpretation der Schöpfungsberichte der Bibel.[1] Moses sagt zum Akt der Schöpfung:

»Und es schuf Gott (Elohim) den Menschen in seinem Bilde
im Bilde Gottes schuf er ihn
männlich und weiblich schuf er sie.«

(1. Mos. 1,27)

»Et creavit Deus hominem ad imaginem suam: ad imaginem Dei creavit illum masculinum et femininum creavit illos«

1 Rudolf Frieling, Studien zum Alten Testament, Bd. I der Gesammelten Schriften zum Alten und Neuen Testament, Stuttgart 1983, Seite 11 ff.

Martin Buber überträgt diesen Vers:

»Gott schuf den Menschen in seinem Bilde,
im Bilde Gottes schuf er ihn,
männlich, weiblich schuf er sie.«[2]

Dreimal erklingt das hochreligiöse Wort »bara« – Schaffen – und gibt damit den trinitarischen Aufbau dieses Satzes wieder. Die Gottheit hat zunächst im Bereich der Gott-Gedanklichkeit die ihr vorschwebende Idee des ebenbildlichen Menschen gestaltet. Nun soll sich der Gedanke aus dem Inneren des Schöpfers lösen und außerhalb Gottes eigene Existenz annehmen.

Gott sprach: Machen wir den Menschen in unserem Bild nach unserem Gleichnis! (1. Mos. 1,26)

»Es ist eine Tat höchster göttlicher Liebe, anderen Wesen außerhalb seiner selbst eine eigene Existenz zu gönnen. Damit das möglich sei, muß Gott sozusagen in die eigene Substanz hineingreifen und etwas von sich hergeben und loslösen. Das ist ein Akt der Liebe, das ist ein Opfer. Wo Schöpfung, da Opfer.«[3] Der von Gott erschaffene Mensch ist eine geistig-lebendige Ganzheit, die eine Polarität in sich vereint – das Männliche und das Weibliche. Im Urtext stehen die Eigenschaftsworte »männlich« und »weiblich«. In der Übersetzung bei Luther und in der Züricher Bibel wie anderenorts werden die Substantive

2 Martin Buber, Die fünf Bücher Moses, Köln und Olten 1954.
3 Rudolf Frieling a. a. O.

Mann und Weib gebraucht. Das Eigenschaftswort ist jedoch entscheidend. Die erste große Stufe ist rein geistige, das Männliche und Weibliche umgreifende, ganz-menschliche Schöpfung. Sie ist dargestellt im 1. Kapitel des 1. Buches Moses. Hier ist noch nichts irdisch. Materielles ist vor dem Sündenfall noch gar nicht entstanden. Die Urbilder und Ideen der Gesamtschöpfung werden hervorgebracht.

Die Trennung in zwei Wesen, Mann und Frau, ist zentraler Inhalt der eigentlichen Erdenschöpfung. Sie wird im 2. Kapitel der Schöpfungsgeschichte der Genesis erzählt. Sie schließt eine anfangsweise Verleiblichung ein.

»Da machte Gott der Herr den Menschen aus Erde vom Acker und blies ihm den Odem des Lebens in seine Nase.« (1. Mos. 2,7)

Er setzt den gottgeschaffenen Menschen in den Garten des Paradieses und gebietet ihm, vom Baume der Erkenntnis des Guten und Bösen nicht zu essen, denn das Pflücken vom Baum der Erkenntnis bringt die Sterblichkeit und den Tod herauf. Die Gottheit sieht selbst, daß es »nicht gut ist, daß der Mensch allein sei«, und hebt an, das Weibliche als selbständiges Wesen zu schaffen.

»Ich will ihm eine Hilfe machen, ihm Gegenpart …
Er senkte auf den Menschen Betäubung, daß er entschlief.
Und nahm von seinen Rippen eine und schloß Fleisch an ihre Stelle.

Er, Gott, baute die Rippe, die er vom Menschen nahm,
zu einem Weibe und brachte es zum Menschen.
Der Mensch sprach: Diesmal ist sie's! Bein von meinem
Gebein, Fleisch von meinem Fleisch!
Die sei gerufen
Ischa, Weib,
Denn vom Isch, vom Mann, ist die genommen.
Darum läßt ein Mann seinen Vater und seine Mutter und haftet seinem Weibe an, und sie werden zu einem Fleisch.« (Martin Buber)

Adam, der ganzheitliche Urmensch, wird in tiefen Schlaf versenkt und aus seiner Rippe die Eva erbildet. (1. Mos. 2, 21).

Der erste Schöpfungsbericht verbleibt noch höher in einer übersinnlich bewegten und fließenden Daseinsform der aus Gott geistig herausgetretenen Welt. Im 2. Kapitel wird tiefer in die entstehende materielle Welt abgestiegen. So taucht auch hier erst das Motiv des Erdenstaubes auf. Das Motiv der Betäubung bzw. des Schlafes weist auf den anhebenden Bewußtseinswandel und den anfangsweisen Verlust der ständigen Wachheit in Gott und vor Gott hin.

Das Bild von der Rippe ist sprechend. Die Rippe als Teil des Brustkorbes, der das Atmungsorgan der Lunge und das Herzorgan des Blutkreislaufes beheimatet und schützt, gehört zum mittleren Menschen. Rudolf Steiner hat die Dreigliederung des Menschen nach Nerven – Sinnessystem (»Kopf«), rhythmischem System (»Brust«) und Stoffwechsel-Gliedmaßensystem (»Bauch und Bein«) der Wirklichkeit abgelesen. Dem entsprechen die drei

Fähigkeiten der Seele von Denken, Fühlen und Wollen. Wird der ganze Urmensch im Bereich der »Mitte« geteilt, der mittlere Teil herausgelöst und verselbständigt, dann bleibt der eine Teil kopf- und gliedmaßen-orientiert – Denken und Wollen; der andere Teil herz- und brustorientiert – Fühlen. Bis heute ist am Körperbau und in der Physiologie ablesbar, daß die Frau mehr Brustmensch ist, häufiger die Brustatmung atmet und herzbetont ist. Der Mann jedoch, der in der Polarität von Intellekt und Wille lebt, ist – es sei erlaubt, dies auch vor männlichen Lesern zu sagen – im Bereich des Fühlens und des Herzens immer etwas schwach und unterentwikkelt. In seiner Polarität von Denken und Willen kommt das Fühlen, das Gefühl, das Herz, im allgemeinen zu kurz. Dieses ist Person geworden und tritt ihm in seiner »Eva« gegenüber.

ADAM männlich/weiblich URMENSCH	ADAM EVA MANN FRAU

Der Urmensch Adam ist also nicht identisch mit dem Adam, der verbleibt, nachdem die Eva geschaffen ist. Wer aber der Schöpfung des Menschen im Blick auf Mann und Frau unter diesem Gesichtspunkt nachsinnt, wird sich anfangsweise Klarheit schaffen können. Der Philosoph Franz v. Baader (1765–1841) hat schon darauf hingewiesen, daß die Sehnsucht, einen anderen Menschen zu umarmen und damit die Arme um den mittleren Menschen herumzulegen, Ausdruck dafür ist, daß in der gleichen Region, wo die Trennung erfolgte, die Wiedervereinigung gesucht wird.

Der Urmensch ist androgyn. Dieses Wort aus dem Griechischen gibt die beiden Eigenschaftsworte wieder: männlich – weiblich. Dem griechischen Denker Plato (427 v. Chr. – 347 v. Chr.) ist der Mythos vom androgynen Menschen noch selbstverständlich. In seinem Buch »Gastmahl« entwickelt er das mythologische Bild:

»Es lebte ein drittes Geschlecht. Es hatte an dem Männlichen und Weiblichen gleichen Teil; sein Name ist uns geblieben, das Geschlecht selbst ist ausgestorben. Ich sage, dieses mann-weibliche Geschlecht hatte einst die Gestalt und den Namen des männlichen und weiblichen Geschlechtes zu einem einzigen vereinigt, und heute ist uns von ihm nur der Name erhalten ... Die ganze Gestalt jedes Menschen war damals rund, und der Rücken und die Seiten bildeten eine Kugel ... Und gleich den Gestirnen, denen sie eingeboren sind, waren sie rund, und auch ihre Bahn, wenn ihr wollt, lief im Kreise. Groß und übermenschlich war ihre Stärke, ihr Sinnen war verwegen, ja, sie versuchten sich sogar an den Göttern. Und Zeus und alle Götter erwogen, was sie dagegen tun sollten, und waren recht in Verlegenheit, denn sie konnten weder alle Menschen töten und wie einst die Giganten mit dem Blitz das ganze Geschlecht niederschlagen, noch deren Übermut hingehen lassen. Da fiel es aber Zeus ein und er rief: Ich habe das Mittel! Ich habe das Mittel gefunden, die Menschen leben zu lassen und doch ihrem Übermut für immer ein Ende zu machen: Ich werde jeden Menschen in zwei Teile schneiden. Sie werden uns dadurch nicht nur zahmer, sondern auch von größerem

Nutzen sein, denn ihre Zahl wird gerade noch einmal so groß. Die Menschen werden von nun an auf zwei Beinen und nur aufrecht gehen...

Als nun auf diese Weise die ganze Natur entzweit war, kam in jeden Menschen die große Sehnsucht nach seiner eigenen anderen Hälfte, und die beiden Hälften schlugen die Arme umeinander und verflochten ihre Leiber und wollten wieder zusammenwachsen und starben vor Hunger und wild und wirr, denn keine wollte ohne die andere etwas tun.«[4]

Auch die Kabbala kennt den Mythos des androgynen Menschen in der Auslegung der Schöpfungsgeschichte; er geht durch die Jahrhunderte menschlicher Geistesentwicklung.[5]

Die Menschenkunde Rudolf Steiners führt sogar des weiteren aus, wie die von Gott geschaffene Polarität des Männlichen und Weiblichen in verschiedenen Seinsschichten des Menschen verschieden gegenwärtig ist.

4 Plato, Gastmahl, Jena 1914, S. 28 ff.

5 Vgl. Ernst Benz, Adam, der Mythos vom Urmenschen, München-Planegg 1955. Entgangen ist Benz, daß Rudolf Steiner im 20. Jahrhundert durch seine geistgemäße Betrachtungsweise diese uralte Überlieferung bestätigt gefunden hat und im Einklang mit dem russischen Philosophen Berdjajew steht, der sagte: »Der Mythos vom Androgynen ist der einzige große anthropologische Mythos, auf den die anthropologische Metaphysik aufgebaut werden kann.«

Intellektualität und Sexualität

Vom Sündenfall des Menschen

> Das Gefühl der Liebe ist an sich bloß ein Anreiz, der uns eingibt, daß wir die Ganzheit des menschlichen Wesens wieder herstellen können und sollen. *Wladimir Solowjew*

Die Schöpfungsgeschichte wird in großen Imaginationen erzählt. Adam ist das Urbild des von Gott geschaffenen Menschen. Er ist nicht als leiblicher Stammvater der Ahnenreihe aller Menschen zu denken. Er ist das Urbild der ganzen Menschheit, das von Gott in der göttlich-geistigen Welt geschaffen ist. In ihm kann damit auch jeder einzelne Mensch auf seinen geistigen Ursprung blicken. Wir sind alle »in Adam« aus dem Wesen Gottes erschaffen. Wir tragen etwas vom »alten Adam« in uns. Jedes Kind, das aus der vorgeburtlichen Welt zur Erde geboren wird, spiegelt noch etwas von dem paradiesischen Urzustand des Adam-Menschen wider.

Schaut man die Bilder der Bibel weiter an, dann führen sie zum Fall des Menschen.

Der von Gott geschaffene Urmensch lebt im Garten des Paradieses. Lebendige Ursprungswelt umgibt ihn. Er findet den Baum des Lebens mitten im Garten und den Baum der Erkenntnis des Guten und Bösen. Die Gottheit gebietet ihm:

»Du darfst essen von allen Bäumen im Garten, aber vom Baum der Erkenntnis des Guten und Bösen sollst du nicht essen; an dem Tage, da du von ihm ißest, mußt du des Todes sterben.« (1. Mos. 2, 16, 17)

Der Baum der Erkenntnis des Guten und Bösen ist da. Er liegt im Erfahrungsbereich des Menschen. Mit Gott verbunden, ist der Mensch unsterblich. Das Übertreten des Gebotes und das Essen der Erkenntnisfrucht bringen den Tod und damit den Verlust der Unsterblichkeit.

Mit dem Gebot, nicht vom Baum der Erkenntnis zu essen, ist unmittelbar die Veranlagung zu der Zweigeschlechtlichkeit verbunden. Der zweite Akt der Schöpfung beginnt:

»Und Gott der Herr sprach: Es ist nicht gut, daß der Mensch allein sei; ich will ihm eine Gehilfin machen, die um ihn sei.« (1. Mos. 2, 18)

Die Gehilfin, das Weibliche, ist zunächst Teil des Urmenschen. Sie soll nun um ihn sein. Aus der Einheit geht die Zweiheit hervor. Aus dem Alleinsein vor Gott und dem Leben in Gott wird die Zweisamkeit des Menschen veranlagt. Ein Gegenüber wird möglich. Die Differenzierung schenkt Beziehung zueinander. Nicht mehr Gott allein ist das Gegenüber, der Mensch schaut den anderen Menschen. Die Beziehung zu Gott erweitert sich zur Beziehung zum Mitmenschen.

»Und sie waren beide nackt, der Mensch und sein Weib, und schämten sich nicht.« (1. Mos. 2, 25)

Das zweite Kapitel der Schöpfungsgeschichte endet mit dem paradiesischen Bild von Adam und Eva, die im Bereich des Lebendigen vor und mit Gott verbunden leben. Adam ist jetzt der männliche Mensch, Eva der weibliche Mensch, die Polarität ist gottgewollt und gottgeschaffen. Ihr Zustand der Nacktheit ist frei von Scham, ihr Bewußtsein ganz der Gottheit zugewandt. Sie sind noch nicht »gefallen«. Das Nackte wird noch nicht als »nackte Tatsache« gesehen.

Mit dem dritten Kapitel des 1. Buches Moses beginnt der Schöpfungsmythos überzugehen in das Bild vom Sündenfall des Menschen.

»Aber die Schlange war listiger als alle Tiere auf dem Felde.« (1. Mos. 3, 1)

Luzifer, der in Gestalt der Schlange auftritt, greift in das Geschehen ein. Sein Name heißt »Lichtträger«. Er bringt ein Erkenntnislicht, das den Menschen aus der Gottverbundenheit löst und zur Erde tauglich macht. Der Versucher äußert sich mit List und Klugheit. Er verneint nicht das göttliche Gebot grob, sondern stellt es in Frage, wendet sich dem empfänglichen offenen Teil des Menschen, der Eva, zu und erweckt Zweifel in ihr. So wiederholt Eva zunächst das Gebot: »Von den Früchten des Baumes mitten im Garten, hat Gott gesagt, esset nicht davon, rührt sie auch nicht an, daß ihr nicht sterbet.« Doch antwortet die Schlange mit gespaltener Zunge, das Essen vom Baum der Erkenntnis würde ihnen die Augen öffnen und sie das Gute und Böse wissen und unterscheiden lassen. Mit der

Urteilskraft und Fähigkeit zum Erkennen werden sie der Gottheit gleichen.

Mit dem einsetzenden Fall beginnt eine Wandlung der Wahrnehmung. Die Augen schließen sich für die unmittelbare Schau Gottes und des Paradieses. Sie öffnen sich für die werdende Sinneswelt. Die Gottheit muß die Frage stellen »Adam, wo bist du?«. Das Versteckspiel des Menschen vor der Gottheit beginnt. Klugheit und Erkenntnisvermögen erwachen. Damit »sehen« Adam und Eva, daß sie nackt waren. Der Verlust der Gotteswelt und der Fall in die Sinneswelt setzen ein. Der Fall führt zur Vertreibung aus dem Paradies.

Der Fluch, der mit dem Weibe geht, lautet:

»Ich will dir viel Mühsal schaffen, wenn du schwanger wirst. Unter Schmerzen sollst du Kinder gebären.«

Und der Fluch, der dem Manne folgt:

»Verflucht sei der Acker um deinetwillen. Mit Mühsal sollst du dich von ihm nähren, dein Leben lang...

Im Schweiße deines Angesichtes sollst du dein Brot essen, bis du wieder zu Erde werdest, davon du genommen bist.« (1. Mos. 3, 17, 19)

Diether Lauenstein hat darauf verwiesen, daß diese Gottesworte zunächst als Fluch erlebt werden. »In Wahrheit sind sie jedoch, wie alle Worte Gottes, Segensworte; in diesem Falle Anweisungen zur Bewältigung des Schicksals.« Er nennt sie daher »Lastworte«.[6] Nun werden sie gewahr, daß sie nackt waren. Der Eintritt in die irdische Polarität der Geschlechter erfolgt. Schmerzen für die Frau beim Gebären der Kinder, Mühen des Mannes beim Bestellen des Ackers um der Nahrung willen – Schmerz und Schweiß treten auf Erden auf, wenn der Mensch das Leben fortsetzen und erhalten will. Adam und Eva benennen sich und erkennen einander:

> »Und sie ward schwanger und gebar den Kain und sprach: ›Ich habe einen Mann gewonnen mit Hilfe des Herrn.‹ Danach gebar sie Abel, seinen Bruder.«
>
> (1.Mos.4,1,2)

Mit diesem Urmythos ist auf einen tiefen Zusammenhang der Fortpflanzung des Menschen und seiner Erkenntnisfähigkeit hingewiesen. Erkennen und Zeugen sind zwei Pole des gleichen Kräftebereiches. Franz v. Baader wies auf diesen Zusammenhang hin, der sich bis heute sogar durch den Geist der Sprache ausdrückt: Zeugung und Über-Zeugung. Im Alten Testament wird etwa zwölfmal der Akt der Zeugung als ein Akt des Erkennens bezeichnet. So auch: »Und Kain erkannte sein Weib, die ward schwanger...« (1.Mos.4,17). Auch im Neuen Testament werden Zeugen und Erkennen synonym behandelt, so z.B. am Anfang des Matthäus-Evangeliums 1,25 von Joseph: »Er erkannte sie nicht, bis sie ihren ersten Sohn gebar«, oder bei der Verkündigung des Erzengels

6 Diether Lauenstein, Der Lebenslauf und seine Gesetze, Stuttgart 1978⁴, S. 30.

Gabriel an Maria, daß sie schwanger werden und einen Sohn gebären soll, ihre staunende Frage: »Wie soll das zugehen, da ich doch von keinem Manne weiß« (Luk. 1,34).[7]

Zu früheren Zeiten geschah die Fortpflanzung noch pflanzenhaft, begierdelos und keusch. Das Bewußtsein war daran kaum beteiligt. Die Zeugung erfolgte im Bei-Schlaf. Schlaf und Traum gingen dem allmählichen »Auftun« der Augen und der Beteiligung des an der Sinneswelt erwachenden Bewußtseins voraus. Je stärker die Differenzierung in Mann und Frau voranging, je mehr ein Teil der bisher dahin organgebundenen Lebenskraft für das Erkennen frei wurde, um so weiter entwickelte sich im Laufe der Zeit die volle Geschlechterpolarität.

Der einzelne Mensch wiederholt in seinem Leben die Entwicklung der Menschheit. Blicken wir auf das kleine Kind, es lebt vergleichsweise noch wie im Paradies. Alles ist lebendig und durchseelt. Es schämt sich nicht seiner Nacktheit. Das Bewußtsein lebt noch ganz in Bildern. Es ist mit dem Wesen der Dinge verbunden. Die Bildekräfte sind noch nicht in der Geschlechtlichkeit wirksam. Das Älterwerden ist u. a. ein Prozeß des Pflückens vom Baum der Erkenntnis: ein Erwachen der Intellektualität und ein allmähliches Vertriebenwerden aus dem Paradies. Die Fähigkeit, kritisch zu denken und zu unterscheiden, wächst heran. Wir wissen oder meinen zu wissen, was gut und böse ist. Diese Art des Wissens macht uns erdentüchtig

7 Siehe dazu Hans-Werner Schroeder, Der Mensch und das Böse, Stuttgart 1984, Kap. 15 Erzeugen und Erkennen, S. 337ff.

und erdenreif, ist aber auch mit Hochmut gepaart: Der Mensch dünkt sich gottähnlich oder gottgleich zu sein. Worin besteht das Problem dieses Erkenntnisfortschrittes, den der einzelne in seinem Leben, die Menschheit im ganzen vollbringt? Die Gabe der Schlange oder des Luzifers bringt im doppelten Sinne ein Problem: Die Fähigkeit, etwas zu wissen oder zu erkennen, kommt beschleunigt, d.h. zeitlich zu früh, bevor der Mensch mit ihr moralisch, verantwortlich und reif leben kann. Zum anderen ist die Klugheit des »gefallenen« und damit in der Sinneswelt lebenden Menschen, daß er zwar alles Sinnliche hell und klar – »aufgeklärt« – sehen kann mit »offenen« Augen, doch verwehrt ihm die Erkenntnisart, das Geistige in der Natur und das Geistige im Menschen zu schauen. Noch bei den Griechen war die Idee und damit das Geistige das Geschaute (idea). Sie waren bewußtseinsmäßig noch nicht so weit ins Irdische abgestiegen.

Die positive Seite des Sündenfalles liegt in der Möglichkeit zur Freiheit und im Ergreifen der Selbständigkeit.

Probleme des Reifealters zeigen am deutlichsten den Konflikt. Das Wissen nimmt von Tag zu Tag zu, das Öffnen der Augen, auch für das andere Geschlecht, vollzieht sich. Aber wie hätte der Jugendliche die menschliche Reife, mit dem errungenen Wissen zu leben? Das elterliche Gebot des »Du sollst nicht«, welches das göttliche Gebot im Kleinen wiederholt, kann den Schritt aus dem Paradies der Kindheit heraus nicht aufhalten. Die Kräfte der Zeugung und das Herausbilden von Überzeugungen müssen in einen guten und harmonischen Zusammenhang gebracht werden. Steigert sich nur das, was Rudolf Steiner den intellektuellen Sündenfall nannte[8], im Bilde gesprochen: Fällt der Mensch den Fall in das sündige Bewußtsein des bloßen Intellekts von Jahrhundert zu Jahrhundert immer weiter, dann müssen am anderen Pol die Probleme der Sexualität mit allen Ab- und Verirrungen immer größer werden. Intellektualität und Sexualität sind die beiden Pole, bei denen es um den Umgang mit den Kräften des Lebens geht. Die Vermenschlichung der Sexualität ist nicht mit Geboten des »Du sollst nicht« zu lösen. Erst wenn sich die Intellektualität wieder erhebt zu den geistigen Grundlagen des Daseins und das Bewußtsein in der Seele des Menschen die Wiederverbindung mit der Gottheit sucht, wird sich allmählich das sexuelle Problem entschärfen und schließlich lösen. Verwandeln des Intellektes in eine denkende Andacht, erwecken eines Gefühles des Zusammenhanges des Geistigen im Menschen mit dem Geistigen im Kosmos und Hinlenkung der Kräfte des Willens durch Übung des Gebetes und Hingabe an das Sakrament heben einen Teil der Lebenskräfte herauf zum Leben in und mit dem Geist. Wohnen dem religiösen Leben und seinen Mitteln, den Sakramenten, wieder gottgegebene Lebenskräfte inne, dann vermag davon eine erlösende und heilende Kraft auszugehen. Sie löst allmählich die Ketten, die den Menschen durch Sucht an die Sinne binden. So werden die Sinne selbst geistig durchdrungen. In dem Maße wie religiöse Erneuerung das ganze Leben durchdringt, werden die vordergründigen Nöte im sexuellen Bereich

8 Rudolf Steiner, Lebendiges Naturerkennen – Intellektueller Sündenfall und spirituelle Sündenerhebung, Dornach 1982², Bibl.-Nr. 220.

schwinden. Eine den ganzen Menschen ergreifende Erziehungsmethode, wie sie in den Waldorfschulen geübt wird, ist dabei eine wesentliche Hilfe. Im religiösen Bereich ist sie durch die Sonntagshandlung[9] für die Kinder während sieben Jahren, durch das Sakrament der Konfirmation und die Teilnahme des Jugendlichen an der Menschenweihehandlung gegeben.

Zur Menschenkunde der Geschlechter

> Erst Mann und Weib zusammen
> machen den Menschen aus.
> *Kant*

Der Leib des Menschen ist nach einem bestimmten Bauplan als männlicher oder weiblicher Körper ausgebildet. Von der Konzeption an ist zwar im Mutterleibe das Geschlecht durch die Chromosomen bestimmt, »aber das Merkwürdige ist, daß vorerst bis in die siebte Woche hinein die Leibesbildung in geschlechtlicher Hinsicht völlig indifferent abläuft«.[10] Erst danach gerät der werdende menschliche Leib in die endgültige Einseitigkeit des Geschlechtes. Das neugeborene Kind erscheint als Mädchen oder Junge. Die erste Kindheit spiegelt den androgynen paradiesischen Schöpfungszustand wider.

9 Johannes Lenz, Der Gottesdienst für die Kinder, Stuttgart 1982, und Die Konfirmation – Von der Kindheit zur Jugend, Stuttgart 1984.

10 Wolfgang Schad, Die Vorgeburtlichkeit des Menschen – Der Entwicklungsgedanke in der Embryologie, Stuttgart 1982, S. 53.

Wichtig jedoch ist, zu der leiblich beobachtbaren Entwicklung die Idee der Vorgeburtlichkeit (Präexistenz) hinzunehmen. Der Mensch verkörpert sich aus der geistigen Welt heraus. Während den traditionellen Kirchen das nachtodliche Leben noch mehr oder weniger vertraut ist, ging diese Kenntnis der Präexistenz verloren. Heute gilt es, die Vorgeburtlichkeit zunächst wieder zu denken und für die Ganzheit des Lebens fruchtbar zu machen. Gerade die Kindheit zeigt den Abglanz der präexistenten Welt.

Im Alter der Erdenreife treten die Prozesse der primären Geschlechtlichkeit auf, die für uns nicht sichtbar sind: die Ausbildung der inneren Organe und die Veränderung und Entwicklung im Hormonhaushalt. Dann erst prägen sich die sekundären Geschlechtsmerkmale aus, die für uns allerdings primär zu sehen sind. Nach weiterem Wachstum, vor allen Dingen der Glieder, erreicht die leibliche Entwicklung ihren Höhepunkt: Mann und Frau sind physisch voll ausgebildet. Die Geschlechtlichkeit ist als Kraft und Potenz in der Jugend und in den mittleren Lebensjahren da. Bei der Frau zeigt danach das Klimakterium (die medizinische Bezeichnung für die Wechseljahre, gebildet aus dem lat. climakter = Stufenleiter: kritischer Punkt des menschlichen Lebens) den Wechsel der biologischen Vorgänge an, bis das dritte Lebensalter die geschlechtsbezogenen Vorgänge zurücktreten läßt. Im Zugehen auf den Tod zeichnet sich ab, daß nach dem Tod die Gattungseigenschaften verschwunden sein werden und »Geschlecht« als erd- und leibgebundene Qualität keine Rolle mehr spielt.

»In der Auferstehung werden sie weder freien, noch sich freien lassen, sondern sie sind gleich wie die Engel im Himmel«. (Matth. 22, 30)

Die Menschenkunde der modernen Geisteswissenschaft führt aus, wie die von Gott geschaffene Polarität des Männlichen und Weiblichen in den verschiedenen Seinsschichten des Menschen unterschiedlich wirkt.

Dies sei zunächst schematisch aufgezeigt:

Bei dem Mann	*bei der Frau*
ist der *Körper* männlich,	weiblich,
ist der *Leib der Bildekräfte* weiblich,	männlich,
hat die *Seele* männlich-weibliche Eigenschaften,	weiblich-männliche
ist der *Geist* – das Ich – geschlechtslos,	geschlechtslos.

Versuchen wir uns diese Orientierung zu verdeutlichen.

Die Augen sehen, und wir erfahren den menschlichen Körper innerhalb der Sinneswelt immer »vereinseitigt« als Frau oder als Mann.

Der Bilde-Kräfteleib ist – wie schon bei den Pflanzen – als Träger des Lebens unsichtbar. Sichtbar wird nur, was er verursacht und bewirkt. Alle Erscheinungen des Lebens wie Wachstum, Fortpflanzung, Ernährung, Dynamik der Säfte und Stoffe, die Formgestalt der Organe und des Reifens gehen auf seine Tätigkeit zurück. Steiner nennt ihn den... »Erbauer und Bildner des physischen Leibes, dessen Bewohner und Architekt. Man kann daher auch den physischen Leib ein Abbild oder einen Ausdruck dieses Lebensleibes nennen.«[11] Die biologischen Prozesse dieses Lebensleibes haben ihr Korrelat im Hormonhaushalt und der Drüsentätigkeit, wobei zwischen Mann und Frau spezifische Unterschiede bestehen.

Wer das Leben als Leben beobachtet, dem wird bald einleuchten, daß die Organisation der Bildekräfte polar bei den Geschlechtern angeordnet sind. Die Frau trägt einen Mann in sich, der Mann eine Frau. Wieder sei Rudolf Steiner zitiert:

»Bei jedem Menschen – das ist eine Tatsache – ist der Ätherleib zweiteilig, und es stellt sich der Ätherleib des Mannes, wie er unter uns lebt, mit weiblichen Eigenschaften dar und der Ätherleib des Weibes mit männlichen Eigenschaften. Eine ganze Fülle von Tatsachen in unserem Leben wird erklärt, wenn wir wissen, daß im Manne etwas von der Frauennatur ist, und gerade dasjenige, was wir eben besprochen haben als am Ätherleib hängend, hat beim Manne mehr Frauennatur und bei der Frau mehr Mannesnatur. Daher wird es sich erklären, daß gewisse Charaktereigenschaften beim Manne auftreten können. In Wahrheit haben wir in dem physischen materiellen Menschen niemals etwas anderes vor uns als einen physischen Ausdruck einer Totalpersönlichkeit. Die Menschenseele

11 Rudolf Steiner, Luzifer-Gnosis, Dornach 1960, Bibl.-Nr. 34. Darin: Die Erziehung des Kindes vom Gesichtspunkte der Geisteswissenschaft, S. 315.

baut sich den Körper, wie aus zwei Polen sich der Magnet aufbaut. Sie baut sich einen männlichen und einen weiblichen Teil, das eine Mal den einen Teil als physischen Leib, das andere Mal als Ätherleib. Daher wird in bezug auf diejenigen Leidenschaften, die gerade am Ätherleib hängen: Hingebung, Tapferkeit, Liebe, die Frau offenbar männliche Charaktereigenschaften zeigen können und der Mann manchmal recht weiblich erscheinen. Dagegen mit Bezug auf alle Charaktereigenschaften, die mehr am physischen Leib hängen, da wird sich im äußeren Leben die Konsequenz des Geschlechts ausleben.«[12] (Ätherleib ist hier ein anderer Ausdruck und Name für den Lebensleib oder die Bildekräfte.)

Der Körper ist wesentlich geschlechtsbetont. Die Kräfte des Lebens wirken in der entsprechenden Polarität dazu.

Seelisch tragen beide Geschlechter weibliche und männliche Eigenschaften in sich. Die Gefühle tendieren einmal mehr nach der einen, ein anderes Mal mehr nach der anderen Seite. Doch ist das Wesensgefüge innerhalb des Erdenlebens immer in die eine Grundfarbe getaucht. Charakteristische Seelenbereiche werden darüber hinaus, je nach Persönlichkeit, individuell abgewandelt. Im allgemeinen treten beim Mann die Kräfte des Verstandes stärker hervor. Er ist der Sinneswelt zugewandt, sie zu verstehen und in ihr zu handeln ist sein Ziel. Was sich in der Neuzeit als Wissenschaft und Technik darstellt, gibt ja in der Außen-

12 Rudolf Steiner, Die Welträtsel und die Anthroposophie, Dornach 1966, Bibl.-Nr. 54, S. 127f.

welt die männliche Polarität von Verstandesdenken und Willen wieder. Zu Wissen und Tat tritt unternehmerischer Geist, der sich sowohl im Aufbau eines kleinen handwerklichen oder großen Industrie-Betriebes erweisen kann, als auch im bewußten Planen der Wohnverhältnisse der Familie. Der Wirtschaftswissenschaftler Erich Schäfer sagt:

»Der erste Keim einer Unternehmung ist geistig-willensmäßiger Natur wie bei jedem echten Schöpfungsakt. Denn am Anfang müssen bestimmte Ideen und Entschlüsse der beteiligten Personen stehen.«[13]

Ideen und Entschlüsse, planendes Denken und Tatkraft sind Voraussetzungen für alle Unternehmungen in der Sinneswelt. Kühnheit, Entdeckerfreude, Wagemut, Freiheitsliebe sind weitere positive Eigenschaften männlicher Natur, denen natürlich auch negative gegenüberstehen.

Der Frau eignen Kräfte des Herzens. Sie empfindet und fühlt stärker. Ihr Seelenleben ist reicher und weiter. Es umfängt mehr die Dinge des Lebens als die der toten Welt. Der Garten und die Pflanzen im Haus liegen näher als das technische Gerät und die mineralisch-geologische Welt. Ihre Stärke liegt im Hören und Aufnehmen. Hüten, Bewahren und Pflegen bei Kindern und Kranken (Krankenschwester) läßt sie nahe am Mitmenschen sein. Ihr eignet eine gemüthafte Wärme und Sicherheit des Gefühls. Sie schafft und bildet gern Atmosphäre und sucht mit Achtsamkeit durch Pflege des Kleinen das Wohn- und Le-

13 Erich Schäfer, Die Unternehmung – Einführung in die Betriebswirtschaftslehre, Köln und Opladen 1970, S. 30.

bensmilieu menschlich zu durchseelen. Hat sie empfangen, dann geht die menschliche Reifung von der Frau zur Mutter dem Werden des Kindes parallel. Das Bergen und Tragen des Lebens, das gespürt und gefühlt, aber noch nicht gesehen wird; die Tatsache, daß ein Kräftekreislauf zwei menschliche Wesen unmittelbar durchpulst und ernährt, das lauschende und liebende Versenken in die keimende Zukunft des Menschen, der zur Welt geboren wird, weitet die Seele in das Mütterliche aus. Im Muttersein erfüllt sich die eine Seite des Fraulichen zur möglichen Vollendung.

Noch einmal sei betont, hier schauen wir in die Richtung, die allgemein Gültiges zu beschreiben sucht. Bei jeder Persönlichkeit erscheint die unverwechselbare Einmaligkeit, die mit jedem Menschen und seiner Biographie verbunden ist. Gerade in der Gegenwart ist die Individualisierung der Frau so weit fortgeschritten, daß viele erst durch eigene Lehre oder Studium, durch selbständiges Ergreifen und Leben eines Berufes ihre Selbstbestimmung finden.

Im *Geistigen* sind sich Mann und Frau am ähnlichsten. Die Gattungseigenschaften treten weitgehend zurück. Als Personen sind sie am meisten unterschieden, jeder ganz er selbst. Ein bewußtes Ich bildet die Wesensmitte der Seele, des lebendigen Organismus und eines gattungsbestimmten Körpers. Im Denken geht der Mensch zu Gesetzmäßigkeiten über, die der Welt zugrunde liegen. Für die Lösung einer mathematischen Aufgabe oder eines Lehrsatzes ist es unerheblich, ob eine Frau oder ein Mann ihn denkt. Die Denkgesetze sind allgemeingültig. Erst wenn der

Übergang in ein *Leben* im Geist erfolgt, ein Leben im Gebet gepflegt und ein ruhiges und besonnenes Verweilen auf einem Gedankeninhalt in einer Versenkung praktiziert werden oder der menschliche Geist eine meditative Praxis ergreift, spielen die weiblich-empfangende oder männlich-hervorbringende Haltung aus dem Seelischen ins Geistige herüber. Dabei wird es für das geistige Leben im Unterschied zur intellektuell bestimmten Zivilisation notwendig sein, die volle Qualität des Fraulichen im Geistigen zu entdecken.

Im Alten Testament wird in den Sprüchen Salomonis (Sprüche 8 ff.) die Weisheit Gottes als Künstlerin und damit weiblich gesehen. Sie wird Sophia genannt.

> »O ihr Männer, euch rufe ich und erhebe meine Stimme zu den Menschenkindern… Ich liebe, die mich lieben und die mich suchen, finden mich…«

> »Der Herr hat mich schon gehabt im Anfang seiner
> Wege, ehe er etwas schuf, von Anbeginn her.
> Ich bin eingesetzt von Ewigkeit her, im Anfang, ehe die
> Erde war.
>
> Als die Meere noch nicht waren, ward ich geboren,
> Als die Quellen noch nicht waren, die von Wasser
> fließen.
> Ehe denn die Berge eingesenkt waren, vor den Hügeln
> ward ich geboren,
>
> Als er die Erde noch nicht gemacht hatte, noch die
> Fluren darauf, noch die Schollen des Erdbodens,
> Als er die Himmel bereitete, war ich da.

Als er den Kreis zog über den Fluten der Tiefe, als er die Wolken droben mächtig machte, als er stark machte die Quellen der Tiefe,

Als er dem Meer seine Grenze setzte und den Wassern, daß sie nicht überschreiten seinen Befehl,

Als er die Grundfesten der Erde legte,
Da war ich als sein Liebling bei ihm.
Ich war seine Lust täglich und spielte vor ihm alle Zeit;
Ich spielte auf seinem Erdkreis und hatte meine Lust an den Menschenkindern.

So hört nun auf mich, meine Söhne! Wohl denen, die meine Wege einhalten!«

Welch herrliches Bild! Wie auf ein Kind, das sich im Spiel aus den vorhandenen Stoffen der Erde schöpferisch eine Welt baut, so blickt Salomo auf die schaffende Weisheit Sophia. Beim Schöpfungsprozeß der Gottheit ist sie als Weltenkünstlerin im heiligen Spiel dabei und zieht als Weltenweisheit in das Wesen der Dinge ein.

Sophia wird weiblich gesehen und weiblich erlebt. Der göttliche Weltenplan und Ideengrund alles Daseins ist mehr männlicher Natur – Vater –; die künstlerisch-schöpferisch-bildsame und mannigfache Formen erfindende spielerische Weisheit weiblicher Natur. So hat die östliche Frömmigkeit in der orthodoxen Kirche, die mehr auf kontemplative hingebungsvolle Offenheit der Seelen eingestellt war, immer mit der Sophia Wesentliches verbunden. Ihr wurde in der »Hagia Sophia« in Konstantinopel ein zentrales Heiligtum geschaffen. Die weibliche Sophia trat an die Stelle des männlichen Heiligen Geistes.

Für die Zukunft wird es entscheidend sein, daß Frauen eine wesentliche Aufgabe bei der Erneuerung des geistigen und religiösen Lebens ergreifen. Die Jahrhunderte der Neuzeit, die mit Wissenschaft und Technik, Eroberung der Neuen Welt und zahllosen Kriegen ganz einseitig männliches Gepräge tragen und männlich-intellektuellem Denken und Handeln entsprungen sind, bedürfen dringend der Ergänzung und Erweiterung durch den Kulturbeitrag der Frauen zum Vollmenschlichen hin. Mit dem Priestertum der Frau hat die Christengemeinschaft 1922 einen Anfang gesetzt und dadurch in der Entfaltung des religiösen Lebens eine entscheidende Bereicherung geschaffen. Der Charakter und die seelische Färbung des geistigen Lebens verwandeln sich ins Menschliche, wenn der Geist die Möglichkeit hat, sich männlich und weiblich, d.h. menschlich, zu offenbaren. Die Menschenkunde der Geschlechter wird vom Geschlecht zum Menschen führen.

Zur Geschlechtlichkeit des Menschen

> Das Verhältnis zwischen Mann und Frau ist das zweier verschieden wirkender, jedoch gleichermaßen unvollkommener Potenzen, welche die Vollkommenheit nur durch einen Prozeß der Wechselwirkung erreichen.
>
> *Wladimir Solowjew*

Heute wird viel von Sexualität gesprochen. »Sexus« ist im Lateinischen das männliche oder weibliche Geschlecht. Das Wort heißt »Zerschnittenheit« von dem lateinischen Verbum secare – schneiden. Es weist damit auf das Zerschneiden des ursprünglich doppelgeschlechtlichen Menschen und die damit gegebene Vereinseitigung. Sexualität ist also Geschlechtlichkeit. Davon zu unterscheiden ist Erotik. Im 18. Jahrhundert wurde dieses Wort aus dem Französischen von érotique entlehnt, das seinerseits von dem griechischen Eigenschaftswort eroticos bzw. dem Substantiv eros abstammt. Es heißt Liebe, Liebesverlangen. Bezieht sich Sexualität mehr auf den leiblichen Aspekt, so schließen Eros und Erotik das seelische Erlebnisfeld der Liebe ein. In der Antike war Eros die seelisch-geistige Liebeskraft. Plato schildert sie in seiner Schrift »Gastmahl«, in der er die Liebe von sieben verschiedenen Seiten durch sieben Menschen anschauen und durch sie charakterisieren läßt. Die Weiterführung und Weiterentwicklung des Eros zu Agape, der selbstlosen Liebe, geschah durch das Christentum. Sie ist die Liebe Gottes zu den Menschen und die Liebe des Menschen zu Gott. Ausdruck dieser Gottesliebe wurde dann auch die Agape als

Liebesmahl der frühen Christen. Die drei Bezeichnungen Sexus – Eros – Agape zielen auf den dreigliedrigen Menschen nach Körper – Seele – Geist und benennen jeweils einen Aspekt der Liebe.

Die Art und Weise, wie heute vielfach über Sexualität gedacht, gesprochen und geschrieben wird, ist selber ein grundsätzliches Problem. Spätestens seit Anfang des 20. Jahrhunderts, seit der wissenschaftlichen Erforschung der Sexualität, die mit Sigmund Freud (1856–1939) und seinen Abhandlungen zur Sexualtheorie[14], aber auch mit Otto Weiningers[15] seinerzeit aufsehenerregenden Darstellungen begann, liegt ein öffentliches Wissen von sexuellen Dingen vor.

Das Problem liegt im »Wie« des darüber Sprechens oder Schreibens: Kinder werden in geschlechtlichen Fragen auf der Straße oder dem Schulhof aufgeklärt. Einseitige Männergesellschaften wie Militär oder Gefangenenlager bringen eine einseitige Förderung. Illustrierte Zeitungen und die übrigen Medien beschleunigen den Vorgang. Die Sexualität ist, vom Menschen künstlich losgelöst, zu einem Bereich für sich geworden. Er wird für die Werbung, das Geschäft mißbraucht.

Der stoffliche und körperliche Aspekt der Sexualität ist weit erforscht und fließt in popularisierter Form auf zahllosen Kanälen in das allgemeine Bewußtsein ein. Es tritt

14 Sigmund Freud, Drei Abhandlungen zur Sexualtheorie und verwandte Schriften, Frankfurt 1932.

15 Otto Weininger, Geschlecht und Charakter, Wien und Leipzig 1903, 16. Auflage 1917.

jedoch im Wie solcher Darstellungen ganz zurück, daß es sich in der Geschlechtlichkeit um den Ausdruck von Lebensfülle und Lebensintensität lebendiger Seelen und geistiger Personen handelt. Liebe unter Menschen ist bis in die Geschlechtlichkeit hinein immer auch Zuwendung von Person zu Person. Sexualität ohne Seinsschichten des Lebendigen, Psychischen und Personhaft-Geistigen ist nicht im vollen Sinne menschlich. Zeigt doch schon die Natur, daß ein wichtiger Unterschied zwischen Tier und Mensch auch darin besteht, daß ersteres in den Lebensrhythmus der Natur mit Notwendigkeit eingebunden ist, was die Brunstzeiten zeigen, der Mensch jedoch nicht mehr der Notwendigkeit der Natur allein unterliegt. Er hat die Möglichkeit zur Freiheit. Er hat sich aus dem festgelegten Rhythmus der Natur emanzipiert.

Zwei Personen begegnen einander. Die Spannung der Geschlechter führt zu einem eigenen Schicksalsfeld, auf dem sich zwei Menschen treffen und die Lösung der Spannung suchen. Dabei ist es gerade die Zartheit der Begegnung, die wirkliche Liebe erweckt. Die zärtliche Berührung, ein Streicheln, erwecken über den Tastsinn und die Sinnesempfindung die bewußte Gegenwart und Zuwendung des Du. Der Dichter Friedrich Hebbel (1813–1863)[16] findet in einem Gedicht, das die Vereinigung zweier Menschen besingt, Worte tiefer Verehrung für das Wunder der Schöpfung:

16 Friedrich Hebbel, Gedichte, Herford 1948.

Das Heiligste

Wenn zwei sich ineinander still versenken,
Nicht durch ein schnödes Feuer aufgewiegelt,
Nein, keusch in Liebe, die die Unschuld spiegelt,
Und schamhaft zitternd, während sie sich tränken:

Dann müssen beide Welten sich verschränken,
Dann wird die Tiefe der Natur entriegelt,
Und aus dem Schöpfungsborn, im Ich entsiegelt,
Springt eine Welle, die die Sterne lenken.

Was in dem Geist des Mannes, ungestaltet,
Und in der Brust des Weibes, kaum empfunden,
Als Schönstes dämmerte, das muß sich mischen;

Gott aber tut, die eben sich entfaltet,
Die lichten Bilde seiner jüngsten Stunden
Hinzu, die unverkörperten und frischen.

Ist das nur Sprache eines vergangenen Jahrhunderts? Der Soziologe Schelsky beschreibt ebenfalls die Scheu und den Takt, die notwendig sind, wenn über Sexualität gesprochen werden soll:

»Über geschlechtliches Verhalten vor einer breiteren Öffentlichkeit zu sprechen oder zu schreiben, gehörte einmal zu den Dingen, die für einen Privatmann als ungehörig, für einen Gelehrten nur in ganz wichtigen Ausnahmefällen als zulässig angesehen wurden... Die Berechtigung einer solchen Einstellung... ist als gefühlsmäßige Hemmung heute noch verbreitet, gilt aber gerade unter den modernen, sich ihrer allseitigen Bewußtheit und unvoreingenommenen geistigen Offenheit sicheren Intellektuellen... als hoffnungslos altmodische Ansicht... Und trotzdem halte ich jene altmodische Ansicht für die einzig richtige.«[17]

Mit dem Wort des kundigen Soziologen gesagt: Habe man Mut zum Altmodischen! Zum Sexuellen gehören Scheu und Scham. Nicht aus Prüderie, auch nicht aus Unkenntnis über naturwissenschaftlich erforschte Tatsachen, sondern um der Liebe willen. Die Enttäuschung über das grelle Neonlicht bloßer sexueller Aufklärung breitet sich aus. Liebende verarmen seelisch, wenn sie nicht das Menschliche und Heilige der Liebe zusammen wiederentdecken. Aufklärung? Ja! Aber Aufklärung nicht nur über das Leibliche, sondern auch das Lebendige, die Seele und die Geister, die in der Liebe die Gemeinsamkeit erstreben. Sonst wäre Aufklärung eine neue Form der Verdunkelung, die eine wirkliche Lösung sexueller Fragen nie bringen kann. Über Liebe kann man nur mit Liebe sprechen.

Darüber hinaus wird heute aus ideologischen, materialistischen und geschäftlichen Gründen durch Pornographie das Wesen des Menschen gezielt angegriffen. Porneuo heißt Hurerei treiben, sich zur Unzucht preisgeben. Ob am Zeitungskiosk oder gar im Lebensmittelladen, pornographisches Schrifttum ist vor aller Augen, auch den Augen der Kinder, ausgebreitet. Die seelische Not der Menschen in der Gegenwart wird ausgenutzt, um »Sex« anzubieten und damit das große Geschäft zu machen. Die

17 Helmut Schelsky, Soziologie der Sexualität, Hamburg 1955.

weit fortgeschrittene Sexualisierung unseres Wahrnehmungsfeldes ist ein Angriff auf den Menschen und führt zur Verarmung und schließlich zur Auslöschung des Liebens.

Lebensbegegnung und Schicksal

Daß wir uns trafen
war die große Wende
Christian Morgenstern

Zur Ehe führen Lebenswege, die auf der einen Seite von einem Mann, auf der anderen von einer Frau gegangen werden – Begegnung der Geschlechter. Dieser Weg ist bei jedem Menschen einmalig. Er ist Träger eines persönlichen Schicksals. Erzählen sich zwei Menschen, die sich gefunden haben, wie das zustande kam, kommt es zu erstaunlichen Berichten.

Mathilde Q. Beckmann, die Frau des Malers Max Beckmann (1884–1950), schreibt:

»Im Spätsommer des Jahres 1923 erlebte ich etwas sehr Seltsames. Es war im Hause meiner Eltern in Ohlstadt, einem kleinen Ort nicht unweit von München. Mehrmals erschien in meinen Träumen ein Mann, dem ich noch nie begegnet war, ich hatte ihn nie vorher gesehen, und ich fragte ihn auch nicht, wer er sei oder woher er käme, weil ich das Gefühl hatte, daß wir einander schon seit langem kannten und einander verstanden. Er schien mich zu beschützen, und wenn ich ihn wegen irgendwelcher Probleme fragte, die ich zuweilen hatte, erwiesen sich seine Antworten immer dann als richtig, wenn ich seinem Rat gefolgt war. Er war voller Güte, schien um mich besorgt und machte sich Gedanken über mein zukünftiges Leben. Er war hochgewachsen, eine eindrucksvolle Erscheinung, von kräftiger körperlicher Konstitution und großer geistiger Überlegenheit. In seiner Stimme war ein bestimmter Klang, den ich nie vergaß. Ich habe ihn noch im Ohr.«

Ihr Vater, der Maler Friedrich August von Kaulbach, und die Mutter, die eine namhafte Geigerin gewesen war und noch mit Richard Strauß konzertiert hatte, hatten ihr eine gute musikalische und allgemeine Bildung angedeihen lassen. Im Herbst 1923 war sie nach Wien gegangen, um sich gesanglich ausbilden zu lassen. Sie wohnte dort am Brahmsplatz 7 und hatte vor ihrem Aufenthalt in Wien weder von Max Beckmanns Existenz etwas gewußt, noch jemals von ihm Bilder gesehen. Bei ihren Wiener Freunden sah sie eine Lithographie und einen Holzschnitt, ein Selbstbildnis von 1922. »Ich fühlte mich sofort von dem Selbstbildnis merkwürdig angezogen.« Im Frühjahr 1924 kam Beckmann zu ihrer Gastfamilie zu Besuch.

Sie berichtet:

»Wir saßen im Wohnzimmer. Die Vorhänge waren schon zugezogen, das Zimmer nur schwach erhellt. Da klingelte es, Beckmann trat herein. Ich konnte sein Gesicht zunächst nicht deutlich erkennen, sah nur, daß er ein hochgewachsener, kräftiger Mann war. Als mich die M. mit ihm bekanntmachten und ich seine Stimme hörte, war ich starr vor Staunen – vor mir stand der Mann, der in meinen Träumen erschienen war.«

Nach einer Schilderung der Persönlichkeit fährt sie fort:

»An diesem Abend spürte ich die Wärme und Güte, die von ihm ausging, und ich war tief beeindruckt von seiner starken Persönlichkeit. Und wie in meinen Träumen bestätigte sich das Gefühl, ihn schon lange zu kennen. Freilich begriff ich kaum, wie sehr diese erste Begegnung mit Beckmann meinem Leben eine völlig andere als die von mir geplante Richtung geben würde und daß ich in weniger als zwei Jahren seine Frau werden sollte.«

Einige Zeit später brach sich Beckmann in Garmisch anläßlich eines Skispringens die Hand. Er ließ sich von seinen Freunden einen Arzt nennen, die ihn nach Wien in ein Krankenhaus empfahlen. Die Familie besuchte ihn in der Klinik. Dort bat er um den Besuch der Mathilde:

»Also ging ich in die Klinik. Bleich, mit dickem Verband, die Hand geschient mit einem Holzbrett, die Finger schauten heraus, lag Beckmann da. Gesprochen hat er nur wenig, als ich ging, aber zu mir gesagt: ›Kommen Sie morgen wieder?‹ Er wollte mich dann jeden Tag dahaben. Nach einigen Tagen hatte er schon einen Pappendeckelverband, konnte wieder die Finger bewegen; nur die Hand war noch geschwollen. Am letzten Tag in der Klinik sagte er unvermittelt: ›Wollen Sie mich heiraten? Ich möchte Sie gerne heiraten.‹ Da habe ich ›Ja‹ gesagt.«

Das Eheschicksal Beckmanns, das in dem Buch »Mein Leben mit Max Beckmann«[18] geschildert ist, beginnt im

18 Mathilde Q. Beckmann, Mein Leben mit Max Beckmann, München 1983.

Traum. Beide kennen sich, sprechen miteinander, beraten sich, – und alle Begegnung geschieht in der nächtlichen Bilderwelt des Traumes. Dann müssen Wege nach Wien zu einer ersten Begegnung und nach Garmisch führen, ein Leitersturz beim Skispringen, ein Brechen der Hand, ein Fragen nach einem Arzt, ein richtiger Ratschlag, ein Krankenhausaufenthalt müssen geschehen, damit es schließlich zu der entscheidenden Begegnung und dem Ja-Wort am Krankenlager kommt.

Die Führung des Schicksals bis zum Augenblick der Begegnung ist das eine große Kapitel des Lebens. Das andere umschließt die Frage, die Antwort und den Entschluß der beiden, eine gemeinsame Zukunft begründen und leben zu wollen. Dazu gehören Liebe und Freiheit. Der individuelle Weg führt bis zur Begegnung, der gemeinsame Weg von der Begegnung an in die Zukunft.

Zum ersten Kapitel gehören viele Elemente des Schicksals, die den Weg des einzelnen mitbilden. Wer sind die Eltern? Wie lebten die Eltern ihre Gemeinsamkeit oder führten ihre Wege auseinander? An welchem Ort fing das Leben an? In welche Familie und welche Verwandtschaft wurde ich hineingeboren? Und dann: Wie unendlich viel hängt davon ab, wie eine Kindheit verläuft. Was alles lernen wir als Menschen in den ersten drei Jahren des Lebens? Wie verlaufen die weitere Kindheit und die Schulzeit? Welches Vater-Land habe ich, welche Mutter-Sprache spreche ich? Durch die Geburt und die Ahnen gehöre ich einem bestimmten Volke an. Fühle ich als Volksangehöriger? Hindert mich mein Volkstum, menschheitlich groß zu fühlen und weltmännisch zu sein, oder begrenzt es mich auf einen Blutszusammenhang mit nationalistischen Empfindungen? Was ist das Berechtigte des Volkstums? Wo muß ich es überwachsen? Welche Kultur erschließt sich mir durch die Muttersprache und damit durch das Tor der Geburt – welche Schicksale liegen vor mir, nur weil ich ein Deutscher, Russe, Amerikaner usw. bin? Mein Volkstum verbindet mich mit einem Kontinent und damit einem Großraum der Erde. Kann ich mir als Europäer denken, auch als Japaner in Asien, als Neuseeländer in Ozeanien geboren zu sein? Und schließlich die Rasse: Ich bin ein Weißer. Wenn ich ein Schwarzer wäre, ein Indianer oder der gelben Rasse angehörte, was würde dies für mein Schicksal bewirken? Familie – Verwandtschaft – Volk – Rasse, Kräfte des Blutes bestimmen mein Schicksal aus den natürlichen Grundlagen des Menschseins heraus. Durch sie ist mir ein Teil des Lebens vorgegeben. Daran kann ich nichts ändern. Hier waltet Notwendigkeit. Aus dem göttlichen Vater-Grund der Welt ragen Kräfte in mein Leben herein. Sie bestimmen, wenn auch nicht alles, so doch einen Teil des Erdenlebens.

Für das Schicksal ist auch die Zeit der Geburt von Bedeutung. Der Tag, der Monat, das Jahr können schicksalsbestimmend sein. Der Autor gehört dem Jahrgang an, der als letzter im zweiten Weltkrieg eingezogen wurde. Ein erheblicher Teil des Schicksals ist damit durch dieses Lebensjahr und diesen Jahrgang bestimmt. Aber auch das gleiche oder verschiedene Alter der Partner, die eine Ehe eingehen, sind wichtig. Wie weit sind sie auseinander? Wie viele Jahre ist der eine älter als der andere? Ist der Mann älter, oder geht die Frau den Jahren nach voran?

Welche Förderung, aber auch welche Spannung ist möglich aus der Verschiedenheit des Lebensalters? Der Lebenslauf des Menschen hat durch die Rhythmik des Lebens bestimmte Gesetze in sich.[19] Wie kann man die Gesetze einer Biographie kennen und beachten lernen?

Eines Tages führt das Schicksal zwei Menschen zusammen. Die Begegnung mag zufällig erscheinen. Erst später im Leben wird man aus dem Rückblick und der Erinnerung aufzeigen können, wie weisheitsvoll die Führung des Lebens gewirkt hat bis die Wege sich kreuzten. Manchmal führt der Weg um die ganze Erde, um die Schicksalsbahnen zu vereinen.

Das erste Sehen, der erste Eindruck, der erste Austausch, das anhebende Gespräch, vielleicht ein Briefwechsel, und es beginnt ein Prozeß, der die beiden einander herausheben läßt aus der Vielzahl der Menschen und den unendlich vielen Möglichkeiten, die mit ihnen gegeben sind. Aus der Fülle der Menschenschicksale, die täglich aneinander vorübergehen, kristallisiert sich dieses eine heraus. Es wird wichtig. Das Sehen führt zum Entdecken. Liebe macht sehend für die Vorzüge und die Einmaligkeit des anderen. Empfindung und Gefühl werden wach und verwandeln sich. Das Herz gesellt sich dem Bewußtsein hinzu. Und eines Tages wird es eine Frage des Willens: »Willst du mich heiraten?« »Willst du das Leben mit mir teilen?« Die Willenstiefe und der Schicksalsgrund sind erreicht. Kommt es zu dem Entschluß, beginnt neues Schicksal. Bis zum Augenblick der Begegnung waltete

19 Diether Lauenstein a. a. O.

Führung und erste Gnade, nun geht in die Verantwortung von Menschen über, was sie aus der Chance und der Möglichkeit des Schicksals tun. Welche Wirklichkeit wollen sie gestalten? Wird es eine Freundschaft? Wird es eine Liebe? Wird es eine Liebe, die zur Ehe führt? Der Entschluß und der Mut greifen weit in die Zukunft vor und bauen auf dem, was das Herz und das Bewußtsein empfinden.

In unserem Kulturbereich ist die Ehe heute eine Angelegenheit der Freiheit geworden. Noch vor wenigen Jahrzehnten gaben Eltern ihre Kinder zusammen. Man wurde füreinander bestimmt. Aber gerade weil die Ehe eine freie Lebensentscheidung wird, ist sie heute noch so gefährdet und anfänglich. Wie ist es um die Freiheit der Partner bestellt in dem jugendlichen Alter, in dem sie eine Ehe eingehen? Öfter hebt ein kommendes Kind die gerade errungene Freiheit teilweise wieder auf, die eine erwartende Frau so gar nicht haben kann.

Schicksalsbindung aus der Freiheit zweier Menschen und zweier Entschlüsse, welche Chance der Zukunft! Neue Freuden, neue Leiden, neue Lebenstatsachen entspringen diesem Entschluß. Er öffnet das Tor zu einer Landschaft, die nun von dem Paar durchwandert wird und die ganz verschiedene Gegenden zeigt. Getragen von der Liebe, die beide beseelt, hat der Entschluß zur Ehe geführt. Liebe, die den Mut zum gemeinsamen Schicksal umfaßt, ist eine Gotteskraft, die erst durch Christus auf Erden begründet wurde. Noch im Alten Testament war der Nächste, den es zu lieben galt, wie sich selbst, nur der eigene Volksgenosse, nicht aber der Angehörige eines anderen Volkes (3. Mos. 19, 18; 25, 39–55). Erst Jesus Christus hat endgültig die Liebe des Nächsten bedingungslos auf jedes Geschöpf mit Menschenantlitz – auch auf den Feind – ausgedehnt. Christus ist selbst in seiner Person diese Liebe. Er schenkt sie von Mensch zu Mensch. Alte Kulturen, die noch im Sinne des göttlichen Vaters leben, lassen den Vater, die Eltern, die Ahnen entscheiden. Das Ich, das sich in Freiheit mit einem anderen Ich zum Lebensbund verbindet, handelt im Sinne des Sohnes, handelt aus der Liebe heraus, die nicht nur blutsgebunden, sondern anfangsweise zur Freiheit entbunden ist. Der Geist unserer Zeit mutet dem Menschen die Kraft, den Mut und die Verantwortung zu, aus dem Innersten des Wesens heraus den anderen in sein Schicksal einzubeziehen, mit dem anderen ein gemeinsames Schicksal zu begründen.

Bleibende Bindung

Tief im Inneren hat der heutige junge Mensch eine Scheu vor Bindungen. Bindung erlebt er als teilweisen Verlust der Freiheit. Bindung heißt ja über die »Verbindlichkeit« hinaus Dauer, Kontinuität, Treue. So sind die Beziehungen der Geschlechter heute vielfach unverbindlich. Sie werden eingegangen, sie entstehen beinahe wie von selbst, und die heute übliche Offenheit und die mögliche Toleranz erlauben, daß sie auch rasch sehr weit gehen. Manche dünken sich nicht ganz normal, wenn sie nicht mit 16, 17 Jahren bereits »aus Erfahrung« mitreden können. Der eine »geht« mit dem anderen eine Zeitlang. Partnerschaft auf Zeit heißt die Losung. Das Verlassen der elterlichen Wohnung und das Zusammenziehen in eine Wohngemeinschaft erscheinen als kein Problem. Oft ist der Wunsch, möglichst bald die Bindung an das Elternhaus aufgeben zu können, ein treibendes Motiv. Ein Verhältnis auf Zeit – eine Wegstrecke ohne klares Ziel? Zunächst täuscht die Erfahrung an- und miteinander über die tiefer anstehenden Fragen hinweg. Warum sollte auch für den 18- bis 20jährigen ein Problem sein, das erst den Menschen in der Lebensmitte mit aller Deutlichkeit vor Augen steht? Rilke sagt in seiner ersten Duineser Elegie:

»Ach, sie verdecken sich nur miteinander ihr Los.«

Das Los nämlich, ein einzelner zu sein, auf dem Wege zu sich und dem eigenen Selbst, das doch erst mit und nach der Mündigkeit so heranreift, daß verantwortliche Lebensbeziehungen gelebt werden und Entscheidungen aus Verantwortung getroffen werden können, die auf ein anderes Ich bezogen sind. Eine Zeitlang das Los miteinander verdecken... Dann ent-deckt man, wie wenig am anderen daran ist, wie er einem in Wahrheit erscheint. Ent-Täuschung und Schalheit breiten sich aus. Diese Enttäuschung besteht nicht nur über den anderen, sondern auch über einen selbst, hat man doch das Du in einem Scheinlicht gesehen, das den eigenen klaren Blick eintrübte. Der illusionäre Nebel, der einen alle Nachteile übersehen ließ und die Beziehung nur in ein Wunschfühlen eintauchte, nahm einem auch das warme Licht eines besonnenen Urteils, das aus Liebe erwuchs. Läßt man sich Zeit, nachdem man den anderen kennengelernt hat, und prüft man einander, nicht bohrend und kritisch, sondern fragend und suchend, ob und in welchen Gebieten wirkliche Lebensgemeinschaft möglich ist, dann kann eine Entscheidung heranreifen, die auch den Mut zur Bindung enthält.

Letztlich ist die Frage der Bindung die Frage nach Religion. In der Religion entfalte ich die Freiheit, die zunächst oft als Willkür gelebt wird, zur Bindung in Freiheit. Ich schließe mich dem Bund (Testament) an, den die Gottheit mit der Menschenwelt geschlossen hat. Ich verbinde mich Christus. Das Zeichen für diesen Bund ist das heilige Mahl – das neue Sakrament. Dabei nimmt mir niemand die Freiheit. Im Gegenteil. Je mehr ich mich verbinde und meine Lebenskraft in den Vollzug des Sakramentes hineingebe, um so mehr erfahre ich die Wahrheit, die frei macht, und zugleich mich selbst, wie ich in Wahrheit bin. Kenne ich einen Menschen, dem ich mich nahe fühle und mit dem ich zusammenleben möchte, werde ich ihn erst dann voll erleben, wenn er sich voll in die Lebensbeziehung einbringt. Erst wenn das ganze Selbst als Gabe für den anderen hingegeben wird, kann man einander erkennen. Ist das mit innerer Reserve möglich? Verweigere ich nicht dem anderen über die Gegenwart hinaus meine Zukunft, wie ich sein werde, wenn ich nur den Augenblick oder die Partnerschaft auf Zeit anstrebe?

In der Komödie »Christinas Heimreise« von Hugo von Hofmannsthal sagt Florindo im 2. Akt:

»Zeigen Sie mir einen Mann und eine Frau, die einander wert sind. Wie sie zusammengekommen sind, danach will ich nicht fragen. Aber daß sie beieinander zu bleiben vermögen, das ist wundervoll. Das geht über die gemeinen Kräfte. Das ist ein Mysterium – kaum zu fassen ist es.«

Das wundervolle Vermögen, beieinander zu bleiben

und sich immer mehr zu erfahren. Gemeine Kräfte – das bloße Ausleben der Natur führt zur Abstoßung und Verneinung des anderen. Man wird einander leid. Das Mysterium liegt gerade im Bleiben – in der Dauer – in der Treue.

Ein anderes aktuelles Thema des 20. Jahrhunderts ist die Selbstverwirklichung. Sie läßt eine bleibende Bindung als Bürde und Hindernis dafür erscheinen. Das mag auch vielfach, besonders für den weiblichen Teil, so gewesen sein. Das Ziel, das eigene Leben zu leben und soviel wie möglich aus ihm herauszuholen, da die lohnende Zeit ohnedies kurz und vergänglich sei, wer kennt nicht solche oder ähnliche Worte im Namen der Selbstverwirklichung? Wenn es aber so wäre, daß das Selbst gar nicht voll Wirklichkeit werden kann, ohne die Hingabe an das Du oder die Gemeinschaft, ohne die volle Bereitschaft zu geben? Hängt nicht das eigene Selbst in der Tiefe mit den anderen Ichen menschheitlich zusammen? Wer nur für sich will, verliert. Wer nur haben will, hat immer weniger. In den menschlichen Beziehungen der Liebe ist es anders als auf dem Bankkonto. Die Lebensbilanz spiegelt andere Tatsachen. Wer nur an sich und seine Verwirklichung denkt, dem ist der andere Störung und Konkurrenz. Dann ist ein bleibender Ehepartner eine hindernde Tatsache, ein Kind mindert die materielle Lebensqualität, es kostet viel, – bis schließlich das Selbst auf dem rücksichtslosen Weg zu einer schrankenlosen und konkurrenzlosen Selbstbezogenheit für sich allein lebt.

Das Evangelium bringt das Gleichnis von den anvertrauten Talenten (Matth. 25, 14 ff.). Wer sie ausgibt, gewinnt, und wer sie bewahren und vergraben will, verliert.

Hingabe bereichert und läßt einen sich selbst erfahren. Wer ist schon durch Liebe ärmer geworden? Je mehr du liebst, desto reicher wirst du.

Sollen also menschliche Beziehungen von Mann und Frau nicht nur zeitweisen und oberflächlichen Charakter haben, zielen sie auf Tiefe, dann ist die Bindung innerhalb eines Ehebundes, der auf Dauer und bleibende Treue angelegt ist, angemessen. In der Bindung erst gibt sich jeder ganz, wie er ist und wie er wird. Er bringt seine Zukunft in das gemeinsame Leben ein. Der gewordene, der gegenwärtige und der zukünftige Mensch vereinen sich.

EHE UND FAMILIE

> Die Ehe bezeichnet eine neue höhere Epoche der Liebe: die gesellige, die lebendige Liebe. Die Philosophie entsteht mit der Ehe.
>
> *Novalis*

Die eheliche Gemeinschaft kann – muß aber nicht – auf die Familie zielen. Die Gemeinschaft des Leibes führt dann zur Zeugung und durch die Zeugung zur Entwicklung eines Menschen.[20] Geschieht die Zeugung bewußt und aus dem bejahenden Willen beider, dann ist das Empfangen eines Kindes nicht nur ein physischer und biologischer Vorgang. Mindestens die Frau mag in der Zeit der Empfängnis in ihrem ganzen Lebensgefühl oder gar im Traum erfahren, daß ein Mensch zu ihr kommt.

Das Evangelium berichtet, daß die Mutter Jesu ein Bewußtsein von der Empfängnis durch den Erzengel Gabriel, den Boten des Herrn, erhält. »Siehe, du wirst schwanger werden und einen Sohn gebären, dessen Namen sollst du Jesus heißen« (Lk. 1,31). Der leibliche und der geistige Vorgang werden in der Seele der jungfräulichen Mutter bewußt. Sogar der Name des Kindes und damit sein Wesen wird ihr offenbar.

Wir können wieder behutsam darauf achten, ob sich eine leise Berührung durch den Engel erspüren läßt, wie sich das

20 Wolfgang Schad, a.a.O. Vgl. auch Erich Blechschmidt, Sein und Werden. Die menschliche Frühentwicklung, Stuttgart 1982.

mögliche Bild des Kindes oder gar der Name im Wacherlebnis oder durch eine Traumerfahrung einstellt. Viel häufiger als man meint, reicht die Erfahrung über die Schwelle der Geburt hinaus in das Reich des Übersinnlichen.

Joseph, der Vater Jesu, ist ebenfalls offen für die Wahrnehmung der Engel. Ihm erscheint der Engel des Herrn im Traum. Dieser verheißt ihm die Geburt des Sohnes und weist ihn an, ihm den Namen Jesus – Heilbringer, Heiland – zu geben. Was er durch den Traum in der Nacht als Botschaft hört, vollbringt er am Tag. Das geistige Erleben geht in Tat und Wille über. Er nimmt Maria zu sich. Die Heilige Familie wird durch die Führung des Heiligen Geistes im Schicksal gegründet (Matth. 1, 18 ff.). Maria als jungfräuliche Mutter, Joseph als Vater, das Kind in der Mitte bilden das christliche Urbild der Familie überhaupt. In vielen Häusern ist die Krippe unter dem Weihnachtsbaum die Darstellung der Heiligen Familie; in den Oberuferer Weihnachtsspielen, die heute vielfach auf Anregung Rudolf Steiners wieder zum Leben erweckt wurden, werden die Bilder des Evangeliums szenisch dargestellt.

Allerdings denken wir dabei die Heilige Familie als wirkliche Familie. Joseph ist der leibliche Vater, Maria die leibliche Mutter Jesu. Was hätte der Stammbaum Jesu, mit dem das Matthäus-Evangelium beginnt und damit das Neue Testament überhaupt, für einen Sinn, wenn der Fortpflanzungsstrom durch dreimal 14 Generationen ausgerechnet vor Erreichung seines Zieles unterbrochen wäre? Joseph ist ein »Sohn Davids«, wie Jesus ein »Sohn Davids« ist. Ist es wirklich so schwer, sich eine Empfängnis vorzustellen, die in voller Reinheit der Seelen der Eltern und in Reinheit des Bwußtseins geschieht? Muß die Jungfräulichkeit der Maria im Widerspruch zum Mutter-Sein stehen? Ist nicht die Größe und Einmaligkeit der Maria gerade, daß sie Jungfrau, Frau und Mutter zugleich ist und damit alle Grundelemente des Weiblichen in sich zusammenfaßt?

Der Sinn des Stammbaumes und der Sinn und die Bestimmung des jüdischen Volkes ist es gerade, von Abraham an durch die Folge der Generationen hin die Leibwerdung Jesu vorzubereiten. In Joseph und Maria münden die Kräfte der Fortpflanzung von Geschlecht zu Geschlecht in Reinheit zusammen. Die Eltern bereiten den Leib des Kindes. In der Zusammenführung der jeweiligen Eltern waltet die Schicksalsführung des Heiligen Geistes. Der Zimmermann und Handwerker Joseph und die im Tempel dienende Jungfrau Maria werden zusammengegeben. Sie empfangen ihren Sohn, in ihm wird Gott Mensch. Zur Menschwerdung gehören Geburt und Tod. Wer den Tod am Kreuz und die Auferstehung nicht als menschliches und göttliches Geschehen sieht, geht am Mysterium von Golgatha und damit an Gott vorbei. Wer die Empfängnis, Erwartung und Geburt Jesu durch gnostisches Denken aufzuheben sucht, geht an der Menschlichkeit des Menschen Jesus vorbei.

Das Evangelium schildert, wie der Geist und die Seele Mariens und Josephs hingebungsvoll offen für die geistige Welt und deren Boten, die Engel, sind. Sie sind so der vorgeburtlichen Welt zugewandt, aus der der Gottessohn sich seiner Menschwerdung naht, daß sie in Reinheit und Unschuld ohne Beteiligung ihres Bewußtseins empfangen.

Der Erzengel Gabriel verkündet die Geburt (Lk. 1,31):

»Siehe, du wirst schwanger werden
und einen Sohn gebären,
des Namen sollst du Jesus heißen.«

Und Maria sprach zu dem Engel:

»Wie soll das zugehen,
da ich doch von keinem Manne weiß?«

Die Überschattung durch den Heiligen Geist ist Maria bewußt, weil ihre Seele zur himmlischen Welt hin offen ist. Das leibliche Geschehen ereignet sich im Schlaf und unbewußt. Der himmlische Anteil des Geburtsgeschehens ist ihr ungleich näher als der irdische.

Hat es nicht fast zwei Jahrtausende gedauert, bis das Wissen vom Mann und der Zeugung ganz ausgebildet und umfassend geworden ist? War nicht Zeugung und Empfängnis noch vor wenigen Jahrzehnten viel mehr Angelegenheit des Träumens und Schlafens bzw. der Ekstase und damit des Nicht-ganz-bei-sich-Seins?

Zum Thema der Ehe und Familie gehört die Verbindung von Maria und Joseph mit ihren Schicksalen der Armut und der Flucht vor dem Kindermord ins Exil nach Ägypten dazu.

Die Heilige Familie kann als Leit- und Urbild der Familie überhaupt wieder entdeckt werden. Von ihr vermag ein Glanz auszugehen auf das Leben von Eheleuten, die sich zum Ehebund finden und um dessen Heiligkeit ringen. Von ihr kann Wärme ausgehen, die für alle Familien wirksam werden kann, wenn die Bilder der Verkündigung, der

Erwartung, der Geburt und Anbetung des Kindes wieder einmal im Jahr zum Fest der Geburt des Menschen Mittelpunkt des Familienlebens sind.

Die Ehe als Rechtsgemeinschaft

Die dreigliedrige Einrichtung der Ehe umfaßt neben dem geistig-sakramentalen und dem wirtschaftlichen als mittleres Element das Gebiet des Rechts. War die Trauung durch die Jahrhunderte hindurch ausschließlich kirchliche Angelegenheit, so bildete sich unter dem Einfluß der Reformation, später durch die Französische Revolution und das Ideal Freiheit – Gleichheit – Brüderlichkeit die bürgerliche oder zivile Ehe aus. Sie ist die vor einem staatlichen Organ – dem Standesamt – geschlossene und der staatlichen Hoheit unterliegende Ehe. Sie ist seit dem Kulturkampf zur Zeit Bismarcks durch das damalige Personenstandsgesetz von 1875 in Deutschland allgemein eingeführt und genau mit Anfang dieses Jahrhunderts (1900) in das Bürgerliche Gesetzbuch (BGB) übernommen worden. Der Staat hat durch das Eheschließungsmonopol die Priorität der standesamtlichen Eheschließung vor der kirchlichen Trauung begründet. In der Bundesrepublik Deutschland ist seit der neuen Fassung des Personenstandsgesetzes vom 8.8. 1957 dieser Prioritätsanspruch geschützt. Die Vornahme einer kirchlichen Trauung *vor* der standesamtlichen Eheschließung ist eine Ordnungswidrigkeit, soweit nicht ein gesetzlich anerkannter Ausnahmefall (§ 67) vorliegt. Ausnahmefälle sind die lebensgefährliche Erkrankung eines Verlobten sowie ein auf andere Weise nicht zu behebender schwerer sittlicher Notstand, der von dem entsprechenden Kirchenamt oder der Gemeindeverwaltung bestätigt wird.[21]

In der Zivilehe schließt das Paar nach dem geltenden Eherecht des Landes einen Vertrag, der durch Unterschrift vor Zeugen in Gegenwart des Vertreters des Staates – des Standesbeamten – geschlossen wird. Der Inhalt des Rechtsvertrages sollte von beiden Partnern gekannt werden. Es empfiehlt sich darüber hinaus, im 4. Buch des BGB den Hauptabschnitt Familienrecht mit dem Unterabschnitt Bürgerliche Ehe zur Kenntnis zu nehmen. So sagt z. B. der § 1353 Eheliche Lebensgemeinschaft: »Die Ehe wird auf Lebenszeit geschlossen. Die Ehegatten sind einander zur ehelichen Lebensgemeinschaft verpflichtet.« Ein Grundbegriff des Sakramentes, die Tatsache der Lebensgemeinschaft, ist damit auch in die Formulierungen des Eherechtes eingeflossen. Anerkennt man die rechtliche Seite der Ehe und das berechtigte Interesse der Öffentlichkeit an der Ehe, das sich im Ehegesetz niederschlägt, dann wird man den rechtlichen Akt bewußt und nüchtern vollziehen im Bewußtsein dessen, was im eigenen Land geltendes Recht ist.

Die »Übergriffe« in die kultische Sphäre auf dem Standesamt, die manchmal zugunsten derer erfolgen, die keine kirchliche Trauung in Anspruch nehmen, und bei denen

21 Lexikon für Theologie und Kirche – Artikel Zivilehe, Freiburg 1965; siehe auch Klaus Mörsdorf, Lehrbuch des Kirchenrechtes, Paderborn 1958, 3. Abschnitt Das Eherecht; und Codex des Kanonischen Rechtes, Kevelaer 1984^2, Cann. 1055–1165.

durch Musik, Raumgestaltung und Schmuck versucht wird, dem Hoheitsakt des Staates einen Anteil zu geben, der über das Rechtlich-Notwendige und Sinnvolle hinausgeht, kann man ja bewußtseinsmäßig richtig zuordnen.

Drei Arten der Zivilehe werden in ihrem Verhältnis zur Kirchentrauung unterschieden:

1. Die obligatorische Zivilehe. Bei ihr müssen alle Bürger des Staates, die in seinem Hoheitsbereich eine Ehe schließen wollen, standesamtlich heiraten. Diese Form entstand in der Auseinandersetzung mit dem von der römisch-katholischen Kirche ausgeübten Zwang, wurde zuerst 1580 in Holland eingeführt und gilt zur Zeit in Frankreich, Belgien, Holland, Deutschland, Österreich, in der Schweiz, der Sowjet-Union, in den Staaten Osteuropas und in den meisten Ländern Latein-Amerikas.
2. Die Wahl-Zivilehe oder fakultative Zivilehe. Bei ihr stellt es der Staat den Brautleuten frei, ihre Ehe vor dem Standesbeamten oder vor der Kirche mit Wirkung für den staatlichen Bereich zu schließen. Sie ist in Skandinavien, im englischen Rechtskreis, in Kanada und den USA (dort unterschiedlich) und in Peru möglich.
3. Die Not-Zivilehe. Sie ist denen zugänglich, die keiner staatlich anerkannten Religionsgemeinschaft angehören, und jenen, die einer anerkannten Religionsgemeinschaft angehören, denen aber von dieser die kirchliche Trauung verweigert wird.

Für die Zukunft stellt sich das Problem, ob die Christengemeinschaft darauf hinwirken soll, daß eines Tages dem englischen Rechtsempfinden gemäß die Wahl der

Eheschließung dem Paar und damit den mündigen Bürgern anvertraut wird, um den Zwangscharakter von Seiten des Staates zu beenden. Dieser war sinnvoll, weil er in der geschichtlichen Entwicklung dem Ehesakrament die Freiheit der persönlichen Entscheidung sicherte. Religiöses und kirchliches Leben sind für die Christengemeinschaft ohne Freiheit undenkbar. Ist der Staat wirklich weltanschaulich neutral und gibt er seine Gesetze so, daß er einer pluralistischen Gesellschaftsordnung Rechnung trägt, wird die Christengemeinschaft dem Prinzip nach anerkennen, daß eine Seite der Ehe rechtlicher Natur ist und damit das Rechtsempfinden eines Volkes durch das Ehegesetz diesen Bereich ordnet. Der Autor verhehlt nicht, daß er die Wahl-Zivilehe befürworten würde, die dem englischen Rechtskreis angehört. Damit hätte jeder Bürger das Recht zur freien Wahl und die ausschließlich kirchlich vollzogene Trauung würde nachträglich vom Staat anerkannt.

In der Mitte des 20. Jahrhunderts wurde die Gleichberechtigung von Mann und Frau gesetzlich verankert. Für das Rechtsempfinden war sie schon lange selbstverständlich. Doch dauerte es, bis sie durch den Gesetzgeber in der Bundesrepublik Deutschland verkündet wurde. Diese erstrebenswerte Tatsache hat für das Leben weitreichende Folgen. Beide Partner haben gleiche Rechte. Wie kommen aber zwei Partner zur Einigung bei zwei verschiedenen Standpunkten, wenn beide meinen, im Recht zu sein? Vielleicht haben beide tatsächlich recht. *Vor* der Gleichberechtigung wurden viele Konflikte *innerhalb* der Ehe entschieden. Ob es Erziehungsfragen oder die Wahl des Wohnortes waren, ob es Vermögensfragen oder ein anständiger Ehekrach waren – der Mann und Vater hatte Vorrechte und entschied im Zweifelsfalle. Bei ihm lag die Priorität. Von dieser Priorität sind auch heute noch, aus dem katholischen Familienrecht herkommend, viele Ländergesetzgebungen bestimmt. Das Recht war patriarchalisch. War man sich auch immer einig darin, daß der Einfluß der Frauen größer war als ihre rechtliche Lage – sprach man doch auch stets von der »besseren Hälfte« –, so waren unangenehme und oft erschreckende Folgen für die Frau gegeben durch minderes Recht.

Jetzt sind in unserem Rechtskreis beide Ehepartner gleichberechtigt. Die Wirklichkeit sieht noch nicht immer so aus. Warum? Die Gleichberechtigung setzt im Grunde voraus, daß in allen strittigen Fragen eine höhere Gemeinsamkeit gesucht und angestrebt wird. Beide müssen sich finden auf einer Ebene oberhalb des Rechts. Aus dieser höheren Gemeinsamkeit allein ergibt sich die Einigung. In vielen Bereichen müssen ja Ehepartner wie eine gemeinsame Person handeln. Finden sie diese Einheit nicht, dann bleibt im allgemeinen nur der Weg zum Richter. Der ehefremde Dritte wird hinzugezogen, möglicherweise auch die Anwälte des Rechtes, die oft noch die Rechtsstandpunkte versteifen. Eheprozesse haben seit der Gleichberechtigung stark zugenommen. Es stellt sich die Frage, ob die Fähigkeit, in Harmonie miteinander zu leben und individuelle Ansichten und Urteile zugunsten eines gemeinsamen Urteiles aufzugeben, mit dem Rechtsfortschritt entsprechend mitgewachsen ist. In welcher Richtung muß sich die Persönlichkeit entwickeln, wenn sie nicht nur individueller, sondern gemeinschaftsfähiger werden soll?

Das Miteinander in der Liebe, den Blick auf das Wahre so zu leben, daß das »Rechthaben« überflüssig wird, erscheint damit als notwendiges Ideal. Nicht das »Rechthaben« ist in der Ehe gemeint, sondern das gemeinsame Leben in einer Sphäre, die auch das Recht und das Rechte umspannt. Beide sollten schöpferisch vereinbaren, was bei ihnen rechtens ist, ohne auf das kodifizierte und geschriebene Recht zurückgreifen zu müssen.

Geschriebenes Recht ist oft hinter der wirklichen menschlichen und gesellschaftlichen Entwicklung zurückgeblieben. Manchmal spiegelt es das Rechtsgefühl vergangener Jahrzehnte. Lebendiges Rechtsgefühl geht dem Paragraphenrecht oft zeitlich voran.

Die Ehe als Rechtsgemeinschaft gleichberechtigter Personen ist ein Aufruf und Anlaß, das Leben miteinander im Geiste der Liebe zu suchen, die das Rechthaben zugunsten der Gemeinsamkeit zurückzustellen bereit ist.

Des Überblickes halber seien aus dem deutschsprachigen Rechtsraum einige rechtliche Ehegrundsätze zitiert:

1. Österreich: »In dem Ehevertrag erklären zwei Personen verschiedenen Geschlechts gesetzmäßig ihren Willen, in unzertrennlicher Gemeinschaft zu leben, Kinder zu zeugen, sie zu erziehen und sich gegenseitig Beistand zu leisten. Die Ehegatten sind einander zu umfassender Lebensgemeinschaft, besonders zum gemeinsamen Wohnen, sowie zur Treue, zur anständigen Begegnung und zum Beistand verpflichtet. Im Erwerb des anderen hat ein Ehegatte mitzuwirken, soweit ihm dies zumutbar und es nach den Lebensverhältnissen der Gatten Pflicht ist« (§44 ABGB).

2. Schweiz: »Durch die Trauung werden Ehegatten zur ehelichen Gemeinschaft verbunden. Sie verpflichten sich gegenseitig, das Wohl der Gemeinschaft in einträchtlichem Zusammenwirken zu wahren und für die Kinder gemeinsam zu sorgen. Sie schulden einander Treue und Beistand« (Art. 159 ZGB).
3. DDR: »Mit der Eheschließung begründen Mann und Frau eine für das Leben geschlossene Gemeinschaft, die auf gegenseitiger Liebe, Achtung und Treue, auf Verständnis und Vertrauen und uneigennütziger Hilfe füreinander beruht. Aus der Ehe soll eine Familie erwachsen, die ihre Erfüllung im gemeinsamen Zusammenleben, in der Erziehung der Kinder und in der gemeinsamen Entwicklung der Eltern und Kinder zu charakterfesten, allseitig gebildeten Persönlichkeiten findet.

   Die eheliche Gemeinschaft erfährt ihre volle Entfaltung und findet ihre Erfüllung durch die Geburt und die Erziehung der Kinder.

   Beide Ehegatten tragen ihren Anteil bei der Erziehung und Pflege der Kinder und der Führung des Haushaltes« (§ 5 des FGB).[22]

22 Zitiert nach W. Bosch, Die Neuordnung des Eherechts ab 1. Juli 1977, in: Zeitschrift für das gesamte Familienrecht, Okt. 1977.

Die Ehe als Wirtschaftsgemeinschaft

Nach außen sind die entscheidenden Grundkräfte des 20. Jahrhunderts wirtschaftlicher Natur. Die Erde ist rund geworden. Jeder kann heute das Bewußtsein haben von den Ereignissen, die an jedem Ort der Welt geschehen. Der Verkehr zu Wasser, zu Lande und in der Luft bahnt überallhin die Wege. Jeder versucht mit jedem in der Wirtschaft zu handeln. Aus der ursprünglichen Haus-Wirtschaft (oikos – griechisch das Haus), der Ökonomie, ist über die Nationalwirtschaft heute die Weltwirtschaft herangewachsen.

Das Haus bzw. die Wohnung ist jedoch weiterhin im Prozeß des Wirtschaftens eine Zelle.

Wer heiratet, begründet eine Wirtschaftsgemeinschaft. Die Nahrung, die Kleidung und das Wohnen sind dabei grundlegende Bereiche. Als Menschen, die auf Erden leben, ragen wir durch unsere Leiblichkeit und deren Bedürfnisse immer in den Bereich der Wirtschaft hinein. Die Bestimmung der Wirtschaft ist es ja gerade, für diese Bedürfnisse des Menschen zu sorgen. Der Jugendliche wird diesem Bereich im allgemeinen nicht sehr viel Aufmerksamkeit zuwenden. Das Kind war im elterlichen Haushalt versorgt, der junge Mensch beginnt durch sein Taschengeld und einen ersten »Job« eine Beziehung zu dem Gebiet des Kaufens – Leihens und Schenkens anzubahnen. Bis zur wirtschaftlichen Selbständigkeit braucht es meist bis zum 21., 28. Lebensjahr.

Wer eine Ehe eingeht, sollte ein Bewußtsein haben von den wirtschaftlichen Voraussetzungen und Folgen des Zusammenlebens.

Die Ehe ist »eine Wirtschaftsgemeinschaft und muß sich hineingliedern in den sozialen Organismus, insofern er seinen wirtschaftlichen Teil hat«, sagt Rudolf Steiner. Als Lebensgemeinschaft beginnt sie mit dem Zusammenziehen und damit mit dem gemeinsamen Wohnen. Bei Bauern wird nach alter Sitte der Eingang zum Bauernhaus mit grünem Reisig geschmückt und das Überschreiten der Schwelle zur gemeinsamen Wohnung zu einem festlichen Vorgang gemacht. War es schon schön, wenn früher ein eigenes Zimmer für den Heranwachsenden möglich war und nach eigenem Geschmack eingerichtet werden konnte, so ist zur Anfangszeit einer Ehe das Einrichten einer gemeinsamen Wohnung ein wichtiges und freudig ergriffenes Element. Wer Initiative mit handwerklichem Geschick verbindet, kann heute mit wenig Geld viel bewirken. Aus vielleicht kleinem Anfang heraus kann sich dann Schritt für Schritt das gemeinsame Milieu bilden. Strebt man nicht nur einen festen Zustand und die Etablierung an, sondern einen gemeinsamen Lebensweg, auf dem man wirklich unterwegs ist, dann wird auch das Wohnmilieu der Entwicklung und Wandlung offenstehen. Vielleicht wechseln sogar regelmäßig die Bilder an den Wänden, durch die unter anderem der christliche Jahreslauf begleitet werden kann.

Jedenfalls entstehen vom ersten Tag an Kosten. Miete, Licht, Wasser, Wärme – sollen das die Eltern zahlen? Ist das junge Paar in der Lage, die gemeinsame Verantwortung dafür zu übernehmen? Ist auch an die Erweiterung der Ehe zur Familie gedacht, so daß ein Kind kommen darf, das geliebt und herzlich willkommen geheißen wird schon vor seiner Geburt? Steht dann die Wiege bereit? Hat es seinen kleinen Erdenraum, der ihm gehört vom ersten Tage des Lebens an, oder werden die Großeltern wieder zu Eltern, welche die wirtschaftliche Fürsorge und die Betreuung zu übernehmen haben? Auch wenn Großmutter und Großvater für das Leben der Familie wichtige Größen sind und auch wenn sie es gern tun, sollte doch bei dem jungen Paar ein Bewußtsein dafür vorhanden sein, daß sich die Ehe als selbstverantworteter kleiner sozialer Organismus in den großen hereinstellt und entsprechende Aufgaben mit sich bringt.

Der Haushalt umfaßt zunächst Wohnen, Kleiden und Ernähren. Er schließt den gemeinsamen Umgang mit Geld ein. Fühlt man sich für die Zukunft verantwortlich, dann wird man die allmähliche Trennung des Einkommens oder Lohnes von der Arbeit praktizieren. Damit kann jeder in seinem eigenen Umkreis beginnen. Kommt der Mann mit Geld nach Hause und hat die Empfindung, »Ich habe das Geld verdient« und die Frau war »nur zu Hause«, ist bereits eine Störung der Ehe veranlagt. Beide arbeiten. Der eine vielleicht »mehr nach außen« in der Berufs- und Arbeitswelt, der andere im Halten des Hauses »mehr nach innen«, z.B. im Pflegen und Erziehen der Kinder. Da gibt es keine 35-Stundenwoche, sondern die Arbeit geht weit über den 8-Stundentag hinaus, Woche für Woche. Das Geld wird also – von besonderen Vermögensverhältnissen abgesehen – beiden gehören und zur Verfügung stehen. Beide werden es gemeinsam verwalten oder in Freiheit entsprechende Vereinbarungen treffen. Daß der Mann Arbeitgeber seiner Frau sei und ihr einen nur knapp bemessenen Beitrag aus »seiner« Kasse zuweist, sollte endgültig der Vergangenheit angehören. Geld ist der Träger für Freiheit. Freie Entscheidungen sollten beide treffen können. Der Umgang mit Geld ist Spiegel für vieles andere. Aus der Praxis der Seelsorge seien zwei extreme Beispiele genannt, die nur zeigen sollen, was möglich – oder vielmehr unmöglich – ist. Erstens: Der hochverdienende Ehemann teilt seiner Frau Haushaltsgeld zu. Einmal wöchentlich hat sie das Ausgabenbuch vorzulegen. Mit roter Tinte wird es korrigiert und der Frau ergänzt zurückgegeben. Geldlich war die Frau völlig abhängig von ihrem Mann. Zweitens: Eine andere Frau bekam überhaupt kein Geld. Sie mußte bei den Einkäufen der Woche in den Geschäften anschreiben lassen. Einmal wöchentlich fuhr der Mann im großen Wagen zu den Läden und bezahlte die Rechnungen. Er allein verdiente ja...

Das gemeinsame Wirtschaften initiativ zu gestalten, ist ein Freude erweckendes Element in einer Ehe. Sind die natürlichen Bedürfnisse befriedigt, wird die Haushaltsführung Bildung, Erholung und weiteres zu berücksichtigen suchen. Auch die Zugehörigkeit zu anderen Organismen innerhalb der großen Sozialordnung, also z.B. die wirtschaftliche Zugehörigkeit zu einer Bekenntnisgemeinschaft oder einer Schule in freier Trägerschaft gehören dazu. Hat man in der Lebensführung den Willen, den Primat des Geistes anzuerkennen, werden diese als Beispiel genannten »Beiträge« nicht die letzten sein, die gezahlt werden von dem was übrig bleibt, sondern der Haushalt wird von den geistigen Zielen her bedacht und gestaltet werden. Ist damit die wirtschaftliche gemeinsame

Führung des Haushaltes modern, dann bietet sie für das gemeinsame Bewußtsein im Umgang mit dem Geld und der Frage, wie es hereinkommt, wie es verwaltet wird und wie es ausgegeben wird, ein wichtiges Feld der Betätigung innerhalb der Ehe.

Zur Pflege der Ehe

Die Kunst der Künste
ist die Kunst der Liebe.
Bernhard v. Clairvaux

Die Sonntagshandlung für die Kinder – der Kindergottesdienst der Christengemeinschaft[23] – sagt den Kindern zwischen dem 7. und 14. Lebensjahr, daß es einen Lehrer der Menschenliebe gibt: Christus. Schon der Kirchenvater Clemens Alexandrinus hat ein Werk geschrieben, das er »Der Logos als Pädagoge« nannte.[24] Darin schaut er Christus als Erzieher und Lehrer an und beleuchtet von da aus Lebensfragen. Ist Christus der Lehrer, der die Menschen die Liebe lehrt, so sind wir, religiös gesprochen, die Gotteskinder, die in seine Schule gehen können.

Ein Handwerkslehrling lernt drei Jahre, bis er Geselle und weitere Jahre bis er Meister ist. Bei der Ehe meint der Zeitgenosse, er brauche sie nur zu beginnen. Er ist weder

23 Johannes Lenz, Der Gottesdienst für die Kinder, a. a. O.
24 Clemens Alexandrinus, Der Erzieher; in: Bibliothek der Kirchenväter, München 1934.

im allgemeinen dazu erzogen, noch wirklich gewillt, die damit verbundenen Aufgaben zu lernen.

Was können wir zur Pflege der Ehe lernen?

Ist die Ehe erst einmal geschlossen, dann ist es gleich von Anfang an wichtig, der neuen Gemeinschaft Zeit zu schenken. Hatte bisher jeder für sich zu entscheiden und konnte er seine Zeit selbst einteilen, wie er allein es wollte, so ist die Pflege der Ehe darauf angewiesen, daß jeder Zeit einbringt für das Zusammensein und die Gemeinsamkeit. Zunächst ist das leicht und selbstverständlich, weil der Zauber des Anfangs alles trägt. Bald greifen aber Beruf, Pflichten und Interessen nach jedem. Erweitert sich gar die Ehe zur Familie, fordern und brauchen die Kinder von der Mutter viel Zeit. Das Zusammenleben kann jedoch ein Prozeß sein, der das Ich immer näher auf das Du hinführt und sich mit diesem wachsend verbindet. Dabei sollte das Zusammenleben nicht die Persönlichkeit mindern. Es ist gerade das Ideal der Gemeinsamkeit, daß jeder in seinem Eigenwert erhöht wird und sich entfalten kann. Dazu braucht es Zeit zur Ausbildung und Förderung der Interessen, Begabungen und Fähigkeiten. Es braucht Zeit für die Substanz des Wir. Lieben heißt hier, das Ich des anderen immer zu fördern und durch die Herzenskraft der Zuwendung mitzuhelfen, daß es ständig in Fortentwicklung bleibt und nicht erstarrt. Der französische Flieger Antoine de Saint-Exupéry sagt in Briefen an seine Freundin Renette: »Lieben heißt, in eine Richtung blicken.« Schauen zwei immer nur sich selbst an, dann können sie sich bald über sein. Sieht man aber die beiden Iche nicht als Zweiheit, sondern als Polarität, die das Wir auf einer höheren Ebene ermöglicht und erbildet, dann wird man es als Bereicherung empfinden, wenn jeder der beiden in der Ehe wächst, sich wandelt und steigert aus der Lebenskraft des Zusammenseins. In eine gemeinsame Richtung blicken – da wird jedes Paar nach seinen Neigungen und Möglichkeiten suchen und entscheiden. Seien es Naturerlebnisse von der Pflege des Gartens über Wanderungen bis zu dem Erlebnis der Berge hin; seien es Kunsteindrücke im Entdecken aller Kunstwerke, die es in der eigenen Stadt und im eigenen Umkreis zu finden gibt; seien es Beobachtungen an Pflanzen und Tieren oder Beobachtungen an Wolken; sei es das gemeinsame Hören von Musik und Erleben von Theater: Unendlich mannigfaltig sind die Möglichkeiten, gemeinsam in eine Richtung zu blicken, sich das Gesehene zu erzählen und anzuhören, durch die verschiedene Art des Sehens zu neuen Fragen zu kommen und damit das Gespräch miteinander ständig zu beleben. Ein wenig Zeit ist dazu nötig, Zeit nicht von der Art, die übrigbleibt, wenn alles andere seine Zeit hatte, sondern Zeit, die bewußt für die Pflege der Beziehung zueinander ausgespart wird. Der Seelsorger hört oft, wenn er Eheleute nach einigen Jahren befragt, was sie einander an Zeit gewidmet haben, daß über die alltägliche Gemeinsamkeit hinaus kaum Zeit war, Besonderes, einander Bereicherndes, zu erleben. Ist nur eine relativ kurze Zeit da, aber mit vollem Interesse, innerer Wachheit und Zuwendung zum Partner aus wechselseitiger Initiative erfüllt, kann vieles untergebracht werden. Liebende können in kurzer Zeit viel Gemeinsames erleben.

Die wichtigste Pflege der Gemeinsamkeit ist die des religiösen Lebens. Der gemeinsame Besuch der Menschenweihehandlung oder nach der Erweiterung zur Familie in Ablösung nacheinander pflegt den Ackergrund, auf dem Frucht höherer Gemeinsamkeit wächst. Selbstverständlich gibt es kein Kirchengebot für den Kirchgang. Es gibt überhaupt im religiösen Leben kein Muß. Seine Lebensluft ist die Wahrheit, die frei macht. Aber nicht die Freiheit als Willkür und Unverbindlichkeit, sondern jene Freiheit, die mit Freude Bindung bejaht: die Bindung an einen Menschen und die Bindung an Gott.

Die Menschenweihehandlung enthält dem Wesen nach noch die anderen sechs Sakramente. Sie ist Fortsetzung der Taufe; sie ist ein andauernder Prozeß des Konfirmierens und Bekräftigens; sie kann nicht miterlebt werden, ohne mit der Gemeinde die Sphäre der Beichte zu durchwandern; sie bildet im Sinne des allgemeinen Priestertums aller Gläubigen an den priesterlichen Fähigkeiten; sie stellt auch eine Einübung in das Sterben und das nachtodliche Leben dar, ist doch schon der Altar eine Grabesstätte.

Taufe – Konfirmation – Beichte – Priesterweihe – Heilige Ölung sind in ihr enthalten und gehen von ihr aus. Wie ist es mit der Ehe?

Gemeinsamkeit des Lebens und Erlebens ist eines der Grundelemente der heiligen Handlung. Schon das Betreten eines Weiheraumes und das Eintreten in den Raum der Ruhe, der sich zur völligen Stille steigert, läßt jeden ganz sich selbst finden und gerade darin mit den anderen zusammensein. Das Entzünden der Kerzen, das Schauen des Lichtes, das Erleben der Flamme, alles zieht die Augen und damit die Kraft des Sehens nach vorn zum heiligen Bild. Vom ersten Ton des Glöckchens an bis zum ersten Wort und dem weiteren folgenden Wortlaut wendet alles die Ohren und damit die Kraft des Hörens zum heiligen Wort. Im Sehen und Hören vereinen sich die Menschen. Sie begegnen einander mit ihrem wahren und höheren Wesen in der Gemeinschaft. Wie die Gottheit im Inneren anhub, den Menschen zu schaffen und sprach: »Lasset uns Menschen machen in unserem Bilde«[25], so spricht der Priester vor der Gemeinde die ersten Worte »Lasset uns« und schafft die Gemeinsamkeit derer, die das Wort hören und die Handlung mitvollbringen, deren Ziel Wandlung und Weihe des Menschen ist durch Gott. Der gemeinsam vollbrachte Dienst, der dem Fortgang der Welt dient, das gemeinsame Opfer, das die Wandlung bis in die Lebenssubstanz der Erde hinein bewirkt, verbindet stark.

Gibt es Intimeres als die Mahlgemeinschaft um den Tisch des Herrn, die zum heiligen Essen, zum heiligen Trinken von Brot und Wein als dem Leib und dem Blute Christi hinführt und damit zur Vereinigung des Menschen mit Gott?

Die Menschenweihehandlung erübt die Gottesliebe. Die Liebe zu Gott ist aber ihrerseits wieder ein belebender Kraftquell für die Liebe zum Menschen. So vermag ein rhythmisch regelmäßiger Besuch der Menschenweihehandlung – nach Möglichkeit zusammen – wie ein belebender Kraftquell für das gemeinsame Leben zu Hause, in der Ehe und der Familie sein.

25 Rudolf Frieling, Studien zum Alten Testament, a.a.O. S. 11 ff.

Als der Dichter Adalbert Stifter am 18. November 1837 aus der Augustiner Kirche in Wien nach Hause kommt, umarmt er seine junge Frau und sagt: »So wollen wir mit Gottes Segen unseren heiligen Ehestand beginnen.«

Lebensalter und Berufstätigkeit

Ein Handwerker, der über die Lehre und Gesellenprüfung hinaus weiter gelernt hat, kann etwa mit 25 Jahren Meister werden. Früher war damit die Auflage verbunden, innerhalb eines Jahres zu heiraten. Berufliche Verantwortung und eheliche Bindung wurden im Sozialgefüge zusammen geschaut. Das traditionelle Kirchenrecht sieht ebenfalls ein kanonisches Lebensalter vor. Die Weihe zum Subdiakon darf nicht vor dem vollendeten 21., die Priesterweihe nicht vor dem 24. Lebensjahr erteilt werden. Also etwa 25jährig war ein Mann, der in die berufliche und soziale Verantwortung eintrat. Das Gesetz kennt den Begriff der Ehemündigkeit und sagt aus, daß eine Ehe nicht vor Eintritt der Volljährigkeit eingegangen werden soll.[26] Die Volljährigkeit wiederum wurde vom 21. auf das 18. Lebensjahr vorverlegt. In den alten Sitten und Bestimmungen war vielfach Lebensweisheit enthalten, die es heute neu zu finden und neu zu begründen gilt. Wenn auch im allgemeinen das Mädchen jünger als der junge Mann ist, so sollte sie doch möglichst das 21. Lebensjahr erreicht haben. Wer einem anderen vertrauen will, muß in sich sel-

26 § 1 des Ehegesetzes

ber ruhen. Wer sich einem anderen geben will, muß sich selbst gefunden haben. Der Jugendliche ist ja auf der Suche nach sich selbst. So zeigen viele jugendliche Verbindungen, die zu früh eingegangen wurden, bald Zeichen des einsetzenden Zerwürfnisses. Der Wille nach Selbständigkeit, die noch gar nicht erreicht war, erwacht zu einer verschobenen Lebenszeit. Ausbildung der Fähigkeiten in diesem oder jenem Berufszweig wird gesucht oder gar ein Studium angestrebt. So darf heute aus Erfahrung als Orientierung gesagt werden: Der weibliche Partner sollte die innere Mündigkeit und wirkliche Selbständigkeit erreicht haben. Günstig ist, wenn auch ein Beruf erlernt worden ist. Bindet sie sich danach, dann bringt sie mit ihrer Lebensreife des Erwachsenseins und der Fähigkeit zu einem Beruf etwas mit in die Ehe ein, das möglicherweise später einmal aufgegriffen und ausgeübt werden kann, wenn etwa Kinder herangewachsen sind. Manche Berufe, wie die Lehrerin, Altenpflegerin oder Schwester, können mit der Erfahrungsreife einer Mutter in der Lebensmitte sinnvoll wieder aufgegriffen und geübt werden.

Für den Mann wird auf jeden Fall das 28. Lebensjahr die Schwelle bilden, die endgültig in das Berufsleben und die soziale Verantwortung hineinführt. Auch ein Universitätsstudium ist zu dieser Zeit abgeschlossen. Fühlt der Mann nach der Schule, dem Zivil- oder Wehrdienst und der Berufsausbildung den Willen zur Ehe, dann tritt auf diese Weise eine natürliche Lebensspannung der Alter auf. Selbstverständlich bestätigen Ausnahmen die Regel.

Ob es sinnvoll ist, daß die Ehepartner im frühen Stadium der Ehe beide einen Beruf ausüben, wird wohl nicht allgemeingültig zu beantworten sein; doch wäre bei anstrengender Leistung im Beruf darauf zu achten, daß genügend Zeit und Kraft zur Pflege der Gemeinsamkeit und der Weiterentwicklung der Ehe bleibt. Begegnen sich beide nur müde und erschöpft von der Arbeit des Tages, dann wird allzuleicht ein technisches Mittel der Unterhaltung gewählt anstelle des Austausches und Gespräches, des Spazierganges oder der gemeinsamen Unternehmungen. Erlaubt die berufliche Tätigkeit eine unmittelbare Partnerschaft, dann kann sie durch die gemeinsame Arbeit durchaus auch ehefördernd sein. Ungünstig ist wohl die Ausübung des Berufes der Frau, wenn sie als Mutter dann genötigt ist, die Kinder dem Kindergarten anzuvertrauen oder gar »Schlüsselkinder«, die sich selbst überlassen bleiben, zu haben. Muttersein ist ein Urberuf. Kinder brauchen ihre Mutter. Sie haben ein Recht darauf, daß die Mutter und mit dem Vater auch die Eltern Zeit für sie haben.

Mindestens zeitweise, solange die Kinder kleiner sind, wird der Verzicht der Mutter auf die Ausübung des Berufes sinnvoll oder gar notwendig sein.

Auf die Gefahr hin, als altmodisch verkannt zu werden, wage ich die Behauptung, daß der Beruf der Hausfrau und der Beruf der Mutter sinnerfüllt sein kann, wenn er mit Liebe und Menschenkenntnis und nicht nur aus überkommenen Instinkten ausgeübt wird. Emanzipierte Frauen wenden sich gegen die drei großen K: Küche – Kinder – Kirche. Wer eine Ernährungskunst erlernt, eine Erziehungskunst wieder erübt und wem die geübte Frömmigkeit Grundlage des Lebens überhaupt ist, wird in ihnen neue Werte sehen, Werte, die ein Leben und eine Ehe mit Sinn erfüllen können.

Bewußte Elternschaft

Angesichts des Wachstums der Bevölkerung auf der Erde ist im 20. Jahrhundert der Begriff und die Tatsache »Familienplanung« eingeführt worden. Ist dieser Begriff angemessen? Familie nach Plan? Ein Volk nach Plan? Eine Menschheit nach Plan? Wie ist es mit dem Bewußtsein bestellt, das plant? Wer plant?

Wir sagen lieber »bewußte Elternschaft«. Sie schließt ein, daß die Eltern sich nicht einfach dem Trieb nach Vereinigung und Fortpflanzung überlassen. Sie schließt auch ein, daß niemand sonst als die Eltern selbstverantwortlich darüber befinden können, ob sie und für wie viele Kinder sie Eltern sein wollen. Der Staat und die Religionsgemeinschaft können auf diesem Gebiet keine normativen Regeln erlassen. Ideologisch und staatlich vorgeschriebene Normen für die Bürger, ob und wie oft sie Eltern sein dürfen, sind ebenso abzulehnen wie Normen, die einer Glaubensdogmatik entstammen und am Leben vorbei zu regeln suchen.

Bewußte Elternschaft heißt, daß heute in die Verantwortung der Frau und des Mannes gelegt ist, was früher aus instinkthaften Voraussetzungen weisheitsvoll geordnet war. Natürlich stellt sich dann auch die Frage, welcher Art das Bewußtsein ist, das auf die Probleme der Elternschaft blickt. Ist es ein Bewußtsein, das die Frage des Einkommens und damit des materiellen Lebensstandardes vor alles andere stellt? Oder ist es ein Bewußtsein, das ein christliches Bild vom Menschen in sich trägt und ständig weiter zu entwickeln sucht? Das neben der Zweiheit des Ehepaares auch den möglichen dritten Menschen, das Kind, objektiv einbezieht?

Zur Erweiterung und Vertiefung des Bildes und der Anschauung vom Menschen gehört die Vorgeburtlichkeit – Präexistenz genannt – hinzu. Das Leben von der Geburt bis zum Tode, die Existenz, wird von allen Zeitgenossen, gleich welcher Weltanschauung, gesehen. Einige Religionen kennen darüber hinaus ein Leben nach dem Tod, die Postexistenz. Johannes Hemleben hat in dem Buch »Jenseits« – Ideen der Menschheit über das Leben nach dem Tode – Beispiele durch die Epochen der Kulturentwicklung hindurch zusammengetragen und mit einem dokumentierenden Teil ausgestattet.[27] Zurückgetreten ist im allgemeinen Bewußtsein das Wissen vom Leben vor der Geburt. Wird diese Urweisheit der Menschheit wieder erweckt und gepflegt, dann ändert sich die ganze Anschauung von Elternschaft, Empfängnis, Embryonalentwicklung, Geburt, Kindheit und Erziehung grundlegend. Die Antwort auf die Frage »Woher kommt der Mensch?« bleibt dann nicht beim Beginn in der Zeit und damit dem Augenblick der Befruchtung einer Eizelle stehen, sondern geht zurück zum Wesen des in der Sphäre der Ewigkeit beheimateten Menschen. Wolfgang Schad hat in seinem Buch »Die Vorgeburtlichkeit des Menschen« den Ent-

27 Johannes Hemleben, Jenseits, Hamburg 1975.

wicklungsgedanken in der Embryologie verfolgt und mündet in einer Darstellung über das geborene Kind ein, das ein Zeit- und Ewigkeitswesen ist. Die moderne Embryologie hat dank der sorgfältigen Erforschung aller Stadien der Entwicklung des menschlichen Keimes unter Hinzufügung der Entwicklungsbewegungen festgestellt: »Schon der einzellige menschliche Keim ist ein individueller Organismus... Entwickeln kann sich nur, was im Wesen schon angelegt ist«, und schließlich: »... dieser heute erwiesene Sachverhalt erlaubt es nicht mehr, darüber zu diskutieren, ob und wann, also in welchem Monat im Laufe der Ontogenese, gleichsam nachträglich ein Mensch entstehe«.[28] Wenn es also naturwissenschaftlich klar ist, daß ein Mensch nicht nachträglich entsteht, sondern mit dem Anfang des leiblichen Werdens verbunden ist, dann sind damit die Voraussetzungen geschaffen, die Präexistenz, Vorgeburtlichkeit des Menschen anzuerkennen. Das Wesen, welches Ziel der Entwicklung ist und mit der Geburt des Menschenkindes erscheint, ist geistig vor der Konzeption da. Es verbindet sich nach der vorembryonalen Phase der Entwicklung, etwa vom 16. bis 18. Tag nach der Konzeption, mit dem Erscheinen des eigentlichen Embryos und ist von da an in der Ausgestaltung des Keimes wirksam.[29] Die naturwissenschaftlichen Ergebnisse widersprechen dem nicht, sondern entsprechen der Anschauung von der Präexistenz des Menschen. Ist aber ein

28 Erich Blechschmidt, Vom Ei zum Embryo – Die Gestaltungskraft des menschlichen Keimes, Hamburg 1969, S. 34ff.

29 Otto Julius Hartmann, Dynamische Morphologie, Frankfurt 1959, S. 60, 61.

Mensch geistig da – wie es die Evangelien berichten von der Ankündigung der Geburt Jesu und Johannes des Täufers –, dann ist das Bewußtsein der Eltern zu der Welt hin zu erweitern, in der ungeborene Seelen auf ihre Geburt warten. Wer die Tatsache der Vorgeburtlichkeit in seine Gedanken und Empfindungen aufnimmt, dem werden die folgenden Ausführungen Rudolf Steiners nicht mehr fremd, sondern eines Tages selbstverständlich erscheinen:

»Das sich verkörpernde Individuum führt die sich Liebenden zusammen... Der sich wiederverkörpernde Mensch ist durchaus beteiligt an der Wahl seiner Eltern... diese Mutter- und Vaterliebe wird in einem viel höheren und schöneren Sinne aufgefaßt, wenn wir sehen, daß das Kind in einem gewissen Sinne die Eltern vorher liebt, schon vor der Befruchtung, und dadurch zu ihnen hingetrieben wird. Die Elternliebe ist also die Antwort auf die Liebe des Kindes, sie ist die Gegenliebe.«[30]

Der leiblichen Verwandtschaft, die durch das Blut bestimmt wird, geht die geistige Wahlverwandtschaft der Seelen voraus. Zu einer bewußten Elternschaft gehört also wesentlich die Frage: Welche Menschen wollen zu uns? Für welche Kinder können wir bergenden Raum schaffen und sie in das Leben geleiten? Was trauen wir uns zu?

Einen weiteren ganz andersartigen Gesichtspunkt zur Frage der bewußten Elternschaft stellt sich durch die Geschwisterfolge. Benjamin Franklin, der nordamerikanische Staatsmann und Erfinder war 15., Freiherr vom Stein

30 Rudolf Steiner, Das Prinzip der spirituellen Ökonomie im Zusammenhang mit Wiederverkörperungsfragen, Dornach 1965, Bibl.-Nr. 109 und 111, S. 204.

5., Werner v. Siemens 4. von 14, Charles Darwin 4. von 11, Immanuel Kant 4. von 9, Michael Faraday 3. von 4, Franz Schubert 13. von 14, Johann Sebastian Bach 8. Kind von 12 Kindern...[31]

Allerdings war die Kindersterblichkeit in früheren Jahrhunderten wesentlich größer. Nach einer Aufstellung starben 1970 ein Siebzigstel aller Lebendgeborenen, 1871 ein Fünftel, in früheren Jahrhunderten etwa die Hälfte.[32]

Trotzdem gibt es zu denken, welche Persönlichkeiten erst nach einer Reihe von Geschwistern geboren wurden. Sie hätten bei dem heutigen Zweikinder-Standard der Familien kaum eine Chance der Verkörperung gehabt.

Ein weiterer Gesichtspunkt zur bewußten Elternschaft mag der einer möglichen Geschwisterfolge sein. Man frage sich, welche Eigenschaften und Möglichkeiten ein Einzelkind hat? Welche Voraussetzungen sind gegeben, wenn zwei Geschwister miteinander aufwachsen können? Wie sieht eine Familie aus, und was können Kinder entwikkeln, wenn sie zu dritt oder mehreren ihre erste Lebenszeit teilen? Der weithin bekannte Heilpädagoge und Gründer der Camphill-Bewegung, Karl König, hat das Einzelkind und die charakteristischen Eigenschaften eines ersten, zweiten und dritten Kindes in seinem Buch »Brüder und Schwestern« ausführlich untersucht und geschildert.[33]

31 Nach Max Hoffmeister, Die übersinnliche Vorbereitung der Inkarnation, Basel 1979.

32 Theodor Bovet, Die Ehe, Tübingen 1972, S. 84.

33 Karl König, Brothers and Sisters, A study in Child Psychology, Edinburgh 1980. Siehe auch: Wolfgang Goebel, Michaela Glöckler, Kindersprechstunde, Stuttgart 1985².

Hier sollen die Anregungen gegeben werden, das Leben danach zu beobachten und zu sehen, ob nicht soziale Befähigung auch im Prozeß des Miteinanders von Geschwistern veranlagt und geübt werden, die das Einzelkind später im Leben entbehren müßte oder sich mühsam anzueignen hat.

Empfängnisregelung

Wissen ist Verantwortung. Sie ist von jedem einzelnen zu üben. So wird auch in der Frage der Empfängnisregelung bzw. dem Problem der Empfängnisverhütung – Kontrazeption – jeder in Gemeinsamkeit mit dem Partner seine verantwortliche Entscheidung zu treffen haben. Dogmatische oder normative Regeln im Namen der Religion scheiden hier, wie wir schon gesagt haben, aus, doch sind Entscheidungshilfen durch Erweiterung des Wissens möglich. Wer verantwortlich handeln will, wird dankbar für neue Wertmaßstäbe sein. Der Fragenkreis der Empfängnisregelung stellt sich erst im 20. Jahrhundert. 1677 sah H. Hamm erstmalig die männliche Samenzelle unter dem Mikroskop. 1827 wurde die weibliche Eizelle von Carl Ernst von Baer entdeckt. Das Wissen von der Entwicklung des menschlichen Embryo (griech. em = in, darin; bryein = sprossen, treiben) entfaltet sich erst im 20. Jahrhundert.

Bis weit in das 17. Jahrhundert hinein war man der Anschauung – die auf Aristoteles zurückging –, daß ein neuer Mensch aus der Mischung von männlichem Samen und weiblichem Menstrualblut hervorginge. Im Mittelalter hat diese Anschauung bei Thomas von Aquin zu folgenschweren Fehldeutungen des Verhältnisses der Geschlechter geführt, die in der Minderstellung der Frau bis in die Gegenwart kirchlicherseits schwerwiegend nachwirkte.[34]

Die Unkenntnis vom Geschehen der Empfängnis ließ keine Methoden der Empfängnisregelung aufkommen, zumal Kinder als Gabe Gottes erlebt wurden, Kinderreichtum – wie heute noch bei vielen Völkern – als Segen. Erst das Wissen von der Befruchtung der weiblichen Eizelle durch den männlichen Samen ließ überhaupt die Idee entstehen, diesen natürlichen Zusammenhang zu unterbinden und damit die geschlechtliche Vereinigung von Mann und Frau vom Vorgang der Zeugung zu trennen.

Der Gynäkologe Werner Hassauer schreibt:

»Die Grundlage für das Verständnis jeglicher Kontrazeption überhaupt bildet die Kenntnis von der Physiologie des weiblichen Genitalzyklus, die heute ja fast zur Allgemeinbildung des modernen Menschen gehört. Wichtigster Erkenntnisbaustein daraus ist die Tatsache, daß nur einmal pro Monat bzw. pro Menstruationszyklus ein befruchtungsfähiges Ei zur Verfügung steht und daß dieses Ei nur die begrenzte Zeit von – wie neueste Forschungen ergeben haben – 6 Stunden befruchtungsfähig ist. Ebenso sind männliche Samenzellen im weiblichen Organismus

34 Albert Mitterer, »Mann und Weib nach dem biologischen Weltbild des Heiligen Thomas und dem der Gegenwart«, in: Zeitschrift für Kath. Theologie, 1933, S. 491 ff.

nur begrenzt befruchtungsfähig für etwa 3 Tage, so daß sich für eine Frau mit regelmäßigem Menstruationszyklus ein befruchtungsfähiger Zeitraum von rund einer Woche pro Zyklus ergibt. Der Zeitpunkt des sogenannten Eisprunges, an dem durch Springen des im Eierstock der Frau herangereiften Follikels (Eibläschens) das Ei zur Befruchtung frei wird, liegt im allgemeinen in der Mitte zwischen zwei Periodenblutungen. Dieser Zeitpunkt kann für die einzelne Frau exakt ermittelt werden durch Aufzeichnen der sogenannten Basaltemperaturkurve durch die Frau selbst. Es zeigt sich nämlich, daß die jeden Morgen vor dem Aufstehen von der Frau gemessene Körpertemperatur, die sogenannte Basaltemperatur, über den Menstruationszyklus hinweg einen rhythmischen, zweiphasigen Ablauf aufweist, wobei etwa ein Tag nach dem Eisprung ein Temperaturanstieg von etwa einem halben Grad zu verzeichnen ist. Dieses Temperaturniveau bleibt dann bis zum Ende des Zyklus auf etwa gleicher Höhe, sinkt mit Eintritt der Periode wieder um etwa einen halben Grad und zeigt den nächsten Anstieg erst wieder nach dem erfolgten nächsten Eisprung. Auf der Kenntnis dieser Vorgänge beruht die Empfängnisregelung nach der sogenannten Zeitwahlmethode, verfeinert durch die geschilderte Basaltemperaturmessung. Nach dieser Methode werden die befruchtungsfähigen Tage im geschlechtlichen Verkehr ausgespart bzw. umgekehrt, diese Tage im positiven Sinne für eine erstrebte Empfängnis benutzt. Diese Art der Empfängnisregelung ist sicher die physiologischste und menschengemäßeste. Sie läßt einerseits die Physiologie des weiblichen Organismus unberührt ablaufen, verlangt andererseits aber eine gewisse Disziplin und Beherrschung des im Menschen vorhandenen Geschlechtstriebes.[35]

Die Regelung der Empfängnis durch die Zeitwahlmethode kommt durch die Beachtung des Rhythmus der Natur am nächsten. Darüber hinaus gibt es 1. mechanische, 2. chemische, 3. hormonelle Methoden.[36]

Wer die Fortpflanzungskräfte als Ausdruck höchster Schöpferkräfte sehen lernt, die ihre Bildekraft im Zeugen und Heranbilden einer menschlichen Leiblichkeit erweisen, und sich dem Ringen und der Arbeit um ein neues Menschenbild teilweise oder ganz hingeben will, der wird auch ein Wort des Paulus nachfühlen lernen: »Ich wollte wohl lieber, alle Menschen wären, wie ich bin« (1. Kor. 7,7). Er meint damit die volle Enthaltsamkeit und die Tatsache, daß seine natürlichen Lebenskräfte ganz dem Leben im Geist hingegeben werden. Er ist sich dabei der Einmaligkeit dieses Maßstabes bewußt, den aber z. B. auch Mahatma Gandhi in seinem Gelübde von 1906 auf sich anwandte. Er gelobte geschlechtliche Enthaltsamkeit und die lebenslange Kontrolle und Übung der Sinne – brahmacarya.[37] Sein Mut, seine Lebenskraft, seine Hingabefähigkeit für das menschheitliche Ziel, das er sich gesetzt hat, hängen mit dieser Tatsache zusammen. Paulus kennt in dem 1. Korinther-Brief auch die zeitweilige Enthaltsam-

35 Werner Hassauer, »Empfängnisregelung und menschliche Freiheit«, in: Soziale Hygiene, Bad Liebenzell 1982.

36 Theodor Bovet, Die Ehe, Tübingen 1972, sowie Hassauer in dem angeführten Merkblatt.

37 Heimo Rau, Gandhi, Reinbek 1970. S. 56f.

keit: »entziehe sich nicht eines dem anderen, es sei denn mit beider Bewilligung eine Zeitlang, daß ihr zum Beten Ruhe habt« (1. Kor. 7, 5).

So werden sich in Freiheit und Selbstverantwortung, aber auch in Verantwortung vor dem Leben der Zukunft zwei Lebensgefährten die Frage nach der Handhabung der Empfängnis beantworten.

Vor etwa einem Vierteljahrhundert wurde die »Pille« (Hormonpille) eingeführt. Sie wirkt auf die Hypophyse (Hirnanhang) und blockiert von dort aus die Ei-Reifung. Die verwendeten Hormone sind Östrogen (Eibläschen- oder Follikel-Hormon) und Gestagen (Gelbkörper-Hormon).[38] Mit der Erfindung und Einführung der Pille war es vielen Frauen erstmals möglich, ihre Empfänglichkeit wirksam zu regeln. Die Handhabung ist einfach. Die »Pille« kann vom Arzt verschrieben, aber auch so gekauft werden, ist jederzeit zur Hand und damit praktisch. Was praktisch und technisch machbar ist, schließt für den Menschen eine Versuchung ein. Daher sei hier ein fragendes und kritisches Wort erlaubt.

Die chemische Substanz der Pille kennt der Chemiker. Der Arzt bekommt sie von der Industrie angeboten. Welche Wirkungen über die Empfängnisverhütung hinaus diese Substanz auf lange Sicht im Organismus der Frau und auf ihre Psyche hat, wird mit wissenschaftlicher Verantwortung nicht voll überschaut. Wir haben noch keine Methoden, die Wirkung auf das Leben als einer übersinnlichen Qualität zu beobachten. Je nach Art der Pille wer-

38 Theodor Bovet, a.a.O., S. 84ff.

den Nebenwirkungen festgestellt. Was sie im empfindlichsten Bereich des weiblichen Organismus, wo das natürliche Leben sein Zentrum und seinen Rhythmus hat, bewirkt, überschauen wir nicht voll. Auf einem ganz anderen Gebiet – der Einnahme von Schlaftabletten – haben wir im gleichen Zeitraum die Contergan-Katastrophe erlebt. Guten Willens wurden von Frauen Medikamente und geprüfte Substanzen genommen, die im Bereich der Bildung eines Menschen verhängnisvolle Wirkungen hatten. Wer sich heute entschließt, die Pille zu nehmen, sollte auf jeden Fall einen Arzt konsultieren und damit seinen Rat zu Hilfe nehmen. Vorsicht, Zurückhaltung und Verantwortung vor dem Leben ist jedenfalls notwendig. Daß heute wieder natürliche Methoden bevorzugt werden, erscheint als positive Entwicklung.

Eine geisteswissenschaftlich erweiterte Medizin wird auf den Bereich der Bildekräfte und damit des Lebendigen ebenso zu achten suchen wie auf den chemischen Haushalt. So erweist sich auch von daher die ärztliche Beratung als unerläßlich. Schließlich sei erwähnt, was eigentlich selbstverständlich sein sollte: Aus der Partnerschaft der Eheleute ergibt sich, daß in all diesen Fragen wirkliche Einigkeit bestehen sollte, bevor Maßnahmen ergriffen werden. Jede Art von Aufdrängung des eigenen Willens, jede Form des Zwanges dem anderen gegenüber stört die Ehe und das Gleichgewicht zwischen beiden. Gemeinsames Gespräch, Orientierung über Lebensfragen und gemeinsam gesuchte Beratung durch den Arzt schaffen den Grund für eine verantwortliche Entscheidung, nach der die Partner leben können. Wird bewußte Elternschaft angestrebt und damit die Empfängnis eines Menschen anfangsweise aus der scheinbaren Zufälligkeit herausgehoben, dann gehören auch bestimmte Verhaltensweisen für die Zeit des möglichen Empfangens und der folgenden Erwartung eines Kindes dazu.

Eine davon bezieht sich auf die Enthaltung von Alkohol. Alkohol wirkt bekanntermaßen anfeuernd auf das Blut. Erhöhte Blutzirkulation tritt ein. Das Leidenschaftsleben wird erregt, der Wille enthemmt. Daher besteht ein enger Zusammenhang zwischen den Trinkgewohnheiten und der Sexualität des Menschen. Die unterschiedliche Qualität des Blutes beim Mann und der Frau werden verschiedenartig beeinflußt. Rudolf Steiner[39] schildert, daß der Alkohol bei der Frau über die roten Blutkörperchen und das in ihnen enthaltene Eisen ein zuviel an Schwere bewirkt. Das Kind, das sich ausbilden soll, wird zu schwer und kann innerlich seine Organe nicht richtig entwickeln. In die inneren Organe des werdenden Kindes zieht der schädliche Einfluß.

Beim Mann werden durch Alkohol vorzugsweise die weißen Blutkörperchen beeinflußt, die in der Bildung des Samens maßgebend sind. Erfolgt eine Befruchtung unter Alkohol, der leicht und unmittelbar in das Blut einwirkt, dann werden die Samenfädchen in ihrer Beweglichkeit gesteigert und »zappelig«. Die Folge davon ist, daß besonders auf das Nerven- und Sinnessystem des Kindes einge-

39 Rudolf Steiner, Über Gesundheit und Krankheit, Dornach 1976², Bibl.-Nr. 348, Vortrag vom 8. 1. 1923 »Die Wirkung des Alkohols auf den Menschen«.

wirkt wird. Wenn die Frau trinkt, werden die inneren Organe geschädigt durch ein Zuviel an Schwere, wenn der Mann trinkt, wird das Nervensystem des Kindes betroffen.

Kokain und heute vielfach übliche Drogen haben einen noch problematischeren Einfluß, weil der Embryo durch gemeinsame Blutzirkulation mit der Mutter voll an ihr Verhalten und ihre Sucht angeschlossen ist. Heute sind in der Wissenschaft bereits drogensüchtige Embryonen bekannt.

So werden sich in der Zukunft auch die Hochzeitssitten ändern müssen. Das Zeugungs- und Befruchtungsgeschehen und damit die Fortpflanzung müssen vom Einfluß des Alkohols freigehalten werden. Schon das Ideal der Freiheit gebietet dies. Nimmt man den werdenden Menschen als selbständiges Wesen, ist es unverantwortlich, ihn in eine Leidenschaft, einen Trieb, eine Sucht einzubeziehen. Warum nicht eine Hochzeitstafel, an der alkoholfreie Getränke gereicht werden?

Die Erwartung

Hat die Frau das Kind empfangen, dann wird ihr nach einiger Zeit diese Tatsache bewußt. Dies bewirkt eine Umwandlung des ganzen Menschen. Sie ist nicht mehr allein, sie bildet eine Zweiheit: mütterliche Hülle und werdendes Kind. Leiblich kommen der Entwicklung des Kindes Schutz, Hülle und Geborgenheit zu. Sogar die Wärme des nährenden Blutes ist immer gleich. Was leiblich durch die

Schöpfermacht Gottes geschieht, wird seelisch und geistig zur Aufgabe der werdenden Mutter und des werdenden Vaters.

Wie kann sich das Leben in der Ehe erweitern, ergänzen und verwandeln zu dem einer werdenden Familie? Wie entfaltet sich bewußte Elternschaft?

Noch neigt das männlich-orientierte Zeitbewußtsein dazu, die Schwangerschaft allein der Frau zuzuteilen. Zu auffällig sind die Veränderungen, die in ihr und mit ihr vorgehen. Sprechen nicht schon das Übelsein, das mögliche Erbrechen, die Schwankungen im Appetit und die auftretenden anderen Geschmacksempfindungen für eine durchgreifende Verwandlung des Organismus? Ist nicht auch am Ende der Erwartungszeit die Geburt eine Angelegenheit der Frau allein?

Aber ist es menschlich und sozial richtig, daß der Mann daneben steht und zuschaut? Welche Aufgabe stellt sich dem erwartenden Mann, der seinerseits eine Wandlung zum Vater durchmacht?

Die zunehmende Zartheit und Rücksichtnahme, verbunden mit fürsorglicher Gesinnung können an der seelischen Hülle und Geborgenheit bilden, für die die Frau tief dankbar sein wird. Beide vermögen dann, in einer gemeinsamen Stimmung und Erwartung zu leben. Beide sind »guter Hoffnung«.

Wieder enthält das Evangelium dafür ein Urbild. Die Geburt Johannes des Täufers wird dem greisen Priester Zacharias während des Opferns am Altar angekündigt (Lk. 1, 5 ff.). Da er wegen des Alters seiner Frau Elisabeth und seines eigenen nicht mehr an ein Kind glauben kann, weist ihn der Engel als Bote Gottes darauf hin, daß er verstummen wird durch neun Monate hin bis zur Geburt. Der Schwangerschaft und Erwartungszeit Elisabeths entsprechen die Zurücknahme und das Verstummen der Wortkraft des Zacharias. Wir können hier ein Geheimnis ahnen, das erst die Zukunft voll enthüllen wird: wie die Kraft des Wortes und die Kraft der Zeugung und damit das Werden des Menschen zusammenhängen. Wichtig für uns scheint, daß es auch eine neunmonatige Erwartungszeit des Vaters gibt – Eltern erwarten in Gemeinsamkeit ihr Kind.

So darf sich auch heute der werdende Vater fragen, was sein Beitrag sein kann zum Kommen des Kindes über die Zeugung hinaus. Weist die Änderung im Bereich des Wortes bei Zacharias darauf hin, daß im Sprechen und im behutsamen Umgang mit dem Worte und der Pflege des Gespräches für diese Zeit eine besondere Aufgabe vorliegt? Es ist eine Hilfe, wenn schöne und aufbauende Texte vorgelesen werden – wenn das Evangelium wieder einander vorgelesen wird. Die Frau wendet ihre Lebenskräfte voll der Ausbildung des werdenden Menschenkeimes zu. Ihr Bewußtsein verändert sich. So ist es doppelt wichtig, sich während der Erwartung einander Zeit zu schenken und auf die Geburt des dritten Menschen tätig zu warten, der die Ehe zur Familie erweitert. Hier liegt eine Gegenwartsaufgabe neuer Menschlichkeit.

Raphaels Gemälde der Sixtinischen Madonna hat einen urbildhaften Charakter: die Mutter der Mütter, die ihr Kind auf dem Arm trägt. Der Hintergrund wird durch Wolkengebilde geformt, die sich beim näheren Betrachten als engelartige Köpfe ungeborener Kinder erweisen. Der grüne Vorhang, der die jenseitige von der diesseitigen Welt trennen kann, ist zur Seite gezogen. Der Blick in den Himmel ist frei. Aus der Welt der Ungeborenen trägt Maria leichten Schrittes ihr Kind der Erde zu. In der Zeit der Erwartung vermag ein tägliches Anschauen dieses Bildes in einer Bildmeditation der Seele Ruhe und dem Lebensgefühl die rechte Stimmung zu erwecken.

Überhaupt ist es für die werdende Mutter wichtig, auf die Bildeindrücke zu achten, die sie aufnimmt. Kino und Fernsehen sollten nach Möglichkeit ganz gemieden werden. Technisch erzeugte Bilder bauen ab. Wahrnehmungen der lebendigen Natur und der Kunst bauen auf. In der Zeit gesteigerter Sensibilität wirken wahrgenommene Bilder doppelt intensiv unmittelbar in den Bereich der Bildekräfte ein. So wie der mütterliche Leib Schutz und nährende Hülle für das keimende Leben ist, sollten die in der mütterlichen Seele erlebten Eindrücke fördernd und stärkend auf die Lebenskräfte wirken. Die Lebensführung in dieser Zeit kann Ausdruck der ständig mitschwingenden Frage sein, was jeweils förderlich und was hinderlich für das neue Leben des nahenden Kindes sei.

Das Bewußtsein von der werdenden Familie kann auch gestärkt werden im Blick auf das göttlich-menschliche Urbild der Familie: die Frau und Mutter Maria, der Mann und Vater Joseph, das Kind Jesus in der Mitte. Jedes Jahr zur Weihnachtszeit kann dieses Bild der Heiligen Familie durch die Sitte, eine Krippe unter dem Weihnachtsbaum aufzustellen, belebt und weitergebildet werden. Das Bild hilft, der Seele der Familie seelische Nahrung zuzuführen und die einzelnen Glieder der Familie mit dem Ganzen erneut zu verbinden. Jede Erwartungszeit spiegelt im Kleinen den Advent, jede Geburt wird ein wenig überstrahlt von der weihnachtlichen Geburt Jesu auf Erden.

Familie und Verwandtschaft waren in der vorchristlichen Zeit durch das gemeinsame Blut stark und fest miteinander verbunden. Nach der Zeitenwende setzt die Individualisierung und Persönlichkeitsbildung der Menschen ein. Die Familie kann nur dann tragender Grund sein, wenn die Blutsverwandtschaft durch die Geistverwandtschaft ergänzt wird. Ist die Ehe durch das Sakrament der Trauung gesegnet und wird das Kind durch das Sakrament der Taufe eingeführt in die Gemeinde des Christus Jesus, dann wissen sich die Glieder einer Familie verbunden, nicht nur durch das gemeinsame Blut des Leibes, sondern durch ein Blut höherer Art, das neue Verwandtschaft unter den Menschen schenkt. Durch Christus, den Lehrer der Menschenliebe, entsteht ein objektives Band der Liebe. Durch ihn wird die natürliche Liebe, die an das Blut gebunden ist, heraufgehoben zu seinem wirksamen Lebensblut.

Gegen alle Zeittendenzen wagen wir zu sagen, Familie ist nicht nur nicht überholt, als christliche Familie ist sie eine schöne und erfüllende Zukunftsaufgabe.

In der Mitte des 20. Jahrhunderts ist das Problem der Abtreibung, das lange vorher schon bestand, zum Gegenstand des öffentlichen Interesses und einer zu recht engagierten Diskussion geworden. Die Reform des § 218 des Strafgesetzbuches[40] war der äußere Anlaß dazu. Er sagte aus, daß die rechtswidrige, vorsätzliche Abtötung der Leibesfrucht im Mutterleib, die die Mutter selber vornimmt oder zuläßt, mit Gefängnis, bei einem anderen mit Zuchthaus bestraft wurde. Darüber hinaus wurde Strafe angedroht für die Verschaffung von Abtreibungsmitteln, ihre unbefugte Herstellung, Ankündigung und Verbreitung sowie das Anbieten eigener oder fremder Dienste (§ 219, 220 StGB).

Die medizinisch-indizierte Schwangerschaftsunterbrechung ist jedoch immer rechtmäßig gewesen. Im Gegensatz zur Abtreibung handelt es sich hier um die aus ärztlichen Gründen notwendige künstliche Herbeiführung einer Fehlgeburt, wenn das Leben der Mutter durch das Austragen der Schwangerschaft ernsthaft bedroht ist.

Es soll nicht verkannt werden, daß es sehr ernste Lebenslagen und Schicksalssituationen gibt, in denen der Gedanke zu einer Abtreibung der Leibesfrucht auftreten kann. Angst, Sorge und Not oder Erleiden von Gewalt durch Notzucht führen dazu. Immer aber liegt der Abtreibung der weltanschauliche Gedanke zugrunde, daß es sich

40 Michael Debus, Die Reform des § 218, Menschsein jenseits von Geburt und Tod, Stuttgart 1978.

in einer bestimmten Phase der Entwicklung nach der Konzeption eben nur um eine »Leibesfrucht«, etwas bloß Biologisches, handele. So war auch in der öffentlichen Diskussion der vergangenen Jahre eine der Hauptfragen diese: »Von wann an ist der Mensch ein Mensch?« Michael Debus hat deutlich darauf hingewiesen, daß dieser Frage eine unzulässige Suggestion zugrunde liegt, nämlich es gäbe einen Zeitraum in der Leibesentwicklung, in der der Mensch noch nicht Mensch sei. So wie man in der großen biologischen Abstammungslehre einen Übergang von tierischen Vorfahren zum Menschen in einem bestimmten Zeitraum der Entwicklung sieht, so stellt man sich eine Zeit vor, in der ein Keim nur Lebenskeim ist, bevor das Werden und die Entwicklung des Menschen im engeren Sinne einsetzt.

Der Embryologe Erich Blechschmidt hat aber gerade naturwissenschaftlich gezeigt, daß diese Voraussetzung nicht stimmt[41]: »Die immer wieder aufgeworfene Frage, warum denn nun aus einem menschlichen Ei ein Mensch werde, ist deshalb schon im Ansatz verfehlt. Ein Mensch wird nicht Mensch, sondern ist ein Mensch, und zwar in jeder Phase seiner Entwicklung. Die spezielle Frage nach seiner späteren Stellung im sozialen Zusammenhang oder die Frage nach der juristischen Beziehung zwischen bestimmten Tätigkeitsbereichen von Menschen hat mit dem biologischen Begriff ›Mensch‹ zunächst nichts zu tun. Die befruchtete Eizelle unterteilt sich und wächst als menschliche Eizelle. Auch der junge Keim entwickelt sich als

41 Erich Blechschmidt: Vom Ei zum Embryo, Stuttgart 1968, S. 32.

menschlicher Keim und nicht als irgendein Etwas, aus dem später – vielleicht sogar nur zufällig – ein Mensch werden kann. Ein menschlicher Keim ist keine Bildung, zu der nachträglich als Akzidenz das Menschsein hinzukäme. Dieser Ausgangspunkt ist für die richtige Beurteilung unserer Befunde sehr wichtig, denn er bestimmt unsere Auffassung, daß die Individualentwicklung nur eine Umwandlung im Sinne einer äußerlichen Veränderung – wir sagen: eine Modifikation der Anlage – ist. Was wir Entwicklung nennen, bedeutet eher eine Vollendung eines im Wesen schon Vorhandenen als etwa einen Fortschritt im Sinne einer individuellen Höherentwicklung aus vermeintlich unwesentlichen oder wesensanderen Anfängen.«

Aus einem Weizenkorn wird immer eine Weizenpflanze, aus einer Eichel ein Eichbaum, aus einer Kaulquappe ein Frosch. Das Ziel der Entwicklung ist mit dem Keim von der ersten Stufe an verbunden. Aus einer befruchteten weiblichen Eizelle wird innerhalb der Embryonalentwicklung ein Mensch, weil er vorgeburtlich schon da ist. Die Präexistenz des Menschen vor der Geburt und vor der Empfängnis ist die Antwort auf den ganzen Problemkreis der Abtreibung. Ausführlich geht Wolfgang Schad[42] auf die Vorgeburtlichkeit ein. Er wendet die Ergebnisse der Geisteswissenschaft Rudolf Steiners zu dieser Frage auf die Embryonalentwicklung an. 1909 hatte Rudolf Steiner ausgeführt:

42 Wolfgang Schad, Die Vorgeburtlichkeit des Menschen – Der Entwicklungsgedanke in der Embryologie, a. a. O.

»Und dasjenige, was heruntersteigt, sich heruntersenkt, ist im allgemeinen von Anfang an gebunden an das Ergebnis der Befruchtung. Durchaus ist es nicht so, daß erst nach einer gewissen Zeit irgendeine Individualität sich damit verbindet. Vom Moment der Befruchtung an ist diese heruntersteigende Individualität mit dem Resultat der physischen Fortpflanzung zusammengehörig. Ausnahmen gibt es allerdings auch da. In den ersten Tagen nach der Befruchtung wirkt freilich diese geistige Individualität, die herunterkommt, noch nicht auf die Entwickelung des physischen Menschen ein, aber sie ist sozusagen dabei, sie ist schon mit dem sich entwickelnden Embryo verbunden. Das Eingreifen geschieht etwa vom 18., 19., 20. und 21. Tage an nach der Befruchtung; da arbeitet dann schon mit dem werdenden Menschen das, was heruntergestiegen ist aus einer höheren Welt.«[43]

Der Arzt und Geburtshelfer Hassauer spricht das geisteswissenschaftlich Dargestellte medizinisch aus: »Bereits am 17. Tag nach der Befruchtung ist die spätere Kopfbildung des Menschen in Form des sogenannten Kopffortsatzes erkennbar. Am 22. Tag setzt die Organo-Genese mit Auftreten der sogenannten Ursegmente ein... Aufgezeigt soll werden, daß von Vater und Mutter her der Anschluß gegeben wird zu einer Entwicklung, die auf Substanzbildung hingeht und auf den Zellteilungs- und Wachstumsvorgängen beruht, und daß in diese von den Eltern herstammende Substanz, Gestaltungs- und Diffe-

43 Rudolf Steiner, Das Prinzip der spirituellen Ökonomie... a.a.O., S. 201.

renzierungsvorgänge einwirken, die nicht in dem Zellenwesen begründet sind. Sie arbeiten von außen in die Zellsubstanz hinein als spezifisch-menschliche Kräfte... Aus den geisteswissenschaftlichen Forschungen Rudolf Steiners wissen wir, daß sich die herankommende menschliche Individualität etwa am 17. Tage nach Beginn der Embryonalentwicklung mit dem von den Eltern zur Verfügung gestellten Leibeskeim vereinigt und von diesem Zeitpunkt an dann die individuelle Ausgestaltung der Körperlichkeit übernimmt. Das ist der Zeitpunkt, zu dem der sogenannte Kopffortsatz des Embryos äußerlich sichtbar in Erscheinung tritt. Dieser Tag entspricht etwa dem 3. Tag der bei der werdenden Mutter ausgebliebenen Periode, einem Zeitpunkt also, zu dem die Frau überhaupt noch nicht weiß, daß sie schwanger ist.«[44]

Rudolf Steiner gibt nicht nur den 18. bis 21. Tag für das Abfangen der Keimesentwicklung durch das individuelle Ich an:

»Wir haben bis jetzt den gewöhnlichen Menschen der Gegenwart in seiner normalen Entwickelung geschildert. Nicht ganz gilt das für einen Menschen, der in einer vorigen Inkarnation eine okkulte Entwickelung angefangen hat. Je höher er gekommen ist, desto früher liegt der Zeitpunkt, wo er selbst beginnt, seinen physischen Leib zu bearbeiten, um ihn dadurch geeigneter zu machen für die Mission, die er hier auf der Erde zu erfüllen hat. Je später er dazu kommt, den physischen Keim abzufangen, desto

44 Werner Hassauer, »Empfängnisregelung und menschliche Freiheit«, in: Soziale Hygiene, Bad Liebenzell 1982.

weniger wird er Herr werden über den physischen Leib. Bei höchstentwickelten menschlichen Individualitäten, die die Leiter und Führer des geistigen Teiles unserer Welt sind, findet solches Abfangen bereits bei der Empfängnis statt. Für sie geht nichts vor ohne ihr Zutun. Sie leiten ihren physischen Leib bis zum Tode und beginnen den neuen zu bearbeiten, sobald der erste Anstoß dazu gegeben ist.«[45]

Wolfgang Schad faßt zusammen: »Es gibt also durch die hohe individuelle Differenzierung zwischen den Menschen-Ichen keinen allgemein verbindlichen Termin, ab wann der leibliche Keim von den übersinnlichen Wesensgliedern, ohne den Tod des Keimes, nicht mehr verlassen wird. Das Ende der 3. Woche ist danach nur das letzte mögliche Datum endgültiger Verbindung« (S. 70 a. a. O.).

Für den, der die Ergebnisse der heutigen Embryologie mit den Ergebnissen der Geisteswissenschaft zusammenzuschauen sucht, kann die Antwort auf die Frage der Abtreibung nur lauten, daß eine begonnene Entwicklung eines Menschen im Leibe der Mutter nicht abgebrochen werden darf. Es handelt sich immer um eine Tötung. Wir haben als Menschen moralisch kein Recht, durch Entfernung der Leibesfrucht einem anderen Menschen die Lebensgrundlage für seine Entwicklung zu nehmen. Die Ausnahme ist, wenn aus ärztlicher Verantwortung das Leben der Mutter gerettet werden muß. Wenn einmal dieser Ausgangspunkt der Verantwortung für das neue Leben

45 Rudolf Steiner, Die Theosophie des Rosenkreuzers, Dornach 1979[6], Bibl.-Nr. 99, S. 56.

verlassen wird, gibt es kein Halten mehr. Es ist erschütternd, aufzunehmen, was etwa Dr. Olga Fairfax, die sich in den USA gegen die Abtreibung einsetzt, an Material zusammengetragen hat; sie berichtet, wie menschliche Föten zum Handelsobjekt werden, nicht nur für medizinische Untersuchungen, sondern für die kosmetische Industrie und anderes. Da tut sich ein Abgrund auf.

Der Seelsorger und Psychotherapeut[46] kennt das Problem der Abtreibung noch von einer anderen Seite. Wenn eine Frau empfangen hat, wird sie Mutter. Der Prozeß ihrer Umwandlung von der Frau zum mütterlichen Menschen ist nicht nur ein leiblicher. Sie hat in ihrer Seele – wenn auch nicht immer bewußt – eine Beziehung zu dem nahenden Kind. Wird die Leibesfrucht abgetrieben, so bleibt das seelische Erleben doch weiter bestehen, und gerade feinfühlige Frauen erleiden dann das Problem einer begonnenen und abgebrochenen Mutterschaft. Sie haben ein Gespür dafür, daß die materialistische Vorstellung, es habe sich nur um einen leiblichen Keim gehandelt, nicht ausreicht; die tiefere Wirklichkeit tragen sie in sich. Es bedarf dann einer behutsamen Beratung, Zuwendung und Hilfe, damit die Seele eines solchen Menschen keinen bleibenden Schaden nimmt.

Peter Petersen ist auch dem Problem nachgegangen, wie der Abbruch einer Schwangerschaft auf den Mann wirkt. Er führt bewegende Beispiele dafür an, wie in der Dreier-

46 Vgl. Veröffentlichungen von Peter Petersen, Prof. für Psychotherapie an der Medizin. Hochschule Hannover, besonders: »Schwangerschaftsabbruch und seelische Gesundheit«, in: Der informierte Arzt, Februar 1980.

beziehung von Frau, Kind und Mann dieser oft Jahre nach einem Abbruch das erlebte und erlittene Problem ausspricht.[47]

47 Peter Petersen, Schwangerschaftsabbruch und der Mann in der Dreierbeziehung; Vortrag in den Ärztekammern Schleswig-Holstein, 23.9. 84 und Hamburg 20. 10. 84.

ZUM SAKRAMENT DER TRAUUNG

Das Gespräch mit dem Priester

Nicht ohne weiteres haben zwei Menschen die Kraft zur bleibenden Bindung aus sich heraus. Deshalb ist ja gerade das Sakrament jene Hilfe und Stärkung, die dem Leben beider zukommen kann. Eine wesentliche Hilfe ist es auch, wenn frühzeitig das Gespräch mit dem Priester gesucht wird, der einmal die Ehe segnen soll. Dabei ist es wichtig, daß alle beteiligten Partner der Gespräche, welche eine Trauung vorbereiten – die Frau, der Mann, die Trauzeugen, der Priester – frei sind, das heißt, nicht vor vollendete Tatsachen gestellt werden. Ist ein Termin für die Trauung zum Beispiel innerhalb der Familien schon bestimmt und das Standesamt bereits angemeldet, ist es eine Zumutung und schwierig, dann erst Fühlung mit dem Priester zu nehmen. Der ideale Zeitpunkt ist gegeben, wenn die beiden ihren Lebensentschluß erst fassen wollen, also vor der Verlobung. Der Priester hat damit die Möglichkeit, diese beiden Menschen in ihrem Entschluß kennenzulernen. Er vermag seine Lebenserfahrung und seinen Rat einzubringen. Aus der Kenntnis vieler Ehen und oft vollzogener Trauungen wird er helfen können, die Richtung einzuschlagen, die aus der Zeit *vor* der Trauung eine Zeit echter Vorbereitung werden läßt. Wer sät, ohne den Acker zu bereiten, erzielt Mißernten. Die gute Vorbereitung der Ehe in allen Aspekten des Lebens, die Bereitung des tragenden Grundes für späteres Wachstum, ist lebensnotwendig. Dazu braucht es Zeit. In mehreren Gesprächen mit einem der Partner allein, mit beiden gemeinsam, mit den Trauzeugen, kann der Weg beschritten werden, der auf das Tor der neuen Gemeinschaft zuführt.

Will man die Freiheit nicht nur für sich, sondern auch für den anderen als Voraussetzung eines menschenwürdigen Miteinanders, dann schenke man dem Priester durch seine Anerkennung die Freiheit, daß er mitentscheiden kann, ob die Reife und die menschlichen Voraussetzungen für ein Ehesakrament gegeben sind. Manchmal hat ein aufschiebender Rat des Priesters zu einem Klärungsprozeß verholfen. Manchmal hat die gründliche Orientierung über das Sakrament und die Gemeinschaft, die es durch den Priester spendet, zu vielen Fragen geführt. Dann war es gut, wenn genügend Ruhe und Atem zu ausführlichem Austausch bestand. In einer Zeit, in der alles auf der Spitze des individuellen Urteils steht, fällt es noch schwer, Urteile anderer als Lebenshilfen anzunehmen und für die eigene Entscheidung fruchtbar zu machen. Doch wenn die religiöse und geistige Dichte des sakramentalen Lebens in den Gemeinden weiter herangewachsen sein wird, werden Menschen zunehmend die Förderung und Hilfe gern annehmen wollen, die ihnen vom Pfarrer einer solchen Gemeinde zuteil werden kann. Das Sakrament steht dann nicht für sich in der Landschaft des Lebens, sondern ist vorher erwandert und nachher immer neuer Ausgangspunkt der Lebensschritte.

Manche Ehen scheitern heute, weil sie zu jung und zu früh eingegangen wurden. Die zweite Ehe ist dann oft erst die tragende und bleibende. Wäre der verfrühte Schritt nicht vermeidbar gewesen? Sähen nicht im sozialen Prozeß des Miteinanderlebens oft gerade andere Menschen viel genauer, was möglich sein wird und welche Hinderung einer zielvollen Zukunft entgegenstehen? Wird dem Priester Offenheit und Vertrauen entgegengebracht, dann kann er im frühen Stadium durch gründliches Kennenlernen beider und mitberatend im Gespräch an der Gemeinsamkeit mitbilden. Er wird dann durch das Paar befähigt, sein verantwortliches Ja zu dem Entschluß der beiden hinzuzufügen. Ist es nicht ein Gewinn für das Leben, wenn alle unmittelbar Beteiligten ihr freies Ja als helfende Substanz hinzugeben können?

Zu den vorbereitenden Gesprächen wird auch die Frage der Zugehörigkeit zu einer Gemeinde der Christengemeinschaft gehören, wenn sie nicht schon entschieden ist. Das Sakrament bildet ja den Anfang einer sakramental orientierten Lebensgemeinschaft. Es verbindet objektiv mit der Sakramentsgemeinschaft, deren Lebensquell die Menschenweihehandlung – das Altarsakrament – ist. Durch sie kann der Anfang fortgesetzt werden. Der Priester wird auch hier Hinderungen abzubauen suchen und den Weg ebnen, der nach Durchschreiten des Tores in dieser Richtung gegangen werden kann.

Zur Vorbereitung der Trauung

Hat das Brautpaar mit den Trauzeugen den Willen, die Trauung so ideal wie möglich zu gestalten, dann wählt es für das hohe Fest den Sonntag. Viele praktische Argumente stehen dem heute entgegen. Am Samstag kann an vielen Orten die Trauung auf dem Standesamt stattfinden; der Samstag ist stiller; die Gäste können besser anreisen; am Montag muß wieder gearbeitet werden und anderes mehr.

Wenn aber das religiöse Leben aus den Grundlagen heraus erneuert werden soll, dann mit Menschen, die den Mut zu einem Neuanfang haben, die auch bereit sind, alles vom Geiste und der göttlichen Welt her zu denken und zu fühlen und vorzuleben.

Der Sonnentag der Auferstehung ist der günstigste Wochentag. Im Namen Christi wird das Trausakrament vollzogen. Der Sonntag hat seinen Charakter durch ihn. Selbst die russische Sprache nennt ihn Woskresenije, den Auferstehungstag. Das Leben des einzelnen würde dann mit dem Sonnabend enden, der durch End-Stimmung gekennzeichnet ist. Die Frühe des anbrechenden Sonntags bestimmt einen Neuanfang, nicht nur den Anfang der kommenden Woche, sondern die mit Freude und Hoffnung anhebende Gemeinschaft.

Am Sonntag versammelt sich auch die Gemeinde zur gemeinsam vollzogenen Menschenweihehandlung, dem Gottesdienst. Im Aufblick zu Gott hört sie das Evangelium, vollbringt das Opfer, erlebt die Wandlung und erhebt sich zur Einung und Kommunion mit Christus.

Es ist gut, wenn das Paar nach Möglichkeit mit den Trauzeugen an dieser sonntäglichen Weihehandlung teilnimmt. Wenn der Bund der Ehe allmählich ein heiliger werden soll, so wird die Heiligung des Lebens und der Lebensgemeinschaft erübt im Mitvollbringen der Weihehandlung. Der sakramentale Charakter der Ehe bedarf der ständigen Belebung und Erneuerung. Er wartet auf Pflege, die durch den gemeinsamen Gang der Eheleute zur Menschenweihehandlung nicht nur dem Sonntag seinen christlichen Charakter und seine wahre Bestimmung verleiht, sondern auch der Ehe die Lebenskraft zuführt, die ihre Heiligung ermöglicht.

Am Hochzeitstag sollte sich das Brautpaar hereinstellen in die feiernde Gemeinde, mit ihr die sonntägliche Weihehandlung vollbringen und damit all dem Trubel und der Unrast sonstiger Vorbereitungen für eine Stunde entzogen sein. Es kann so die wahre und tiefste Aufbereitung der Seelen und die Vorbereitung des Bewußtseins und der Herzen üben. In der Kommunion mag dann jeder einzelne im Sinne eines Aktes höchster Freiheit vor die Gottheit hintreten – jeder ganz er selbst – und damit den Segen und die Kraft für das Durchschreiten des Tores der Lebensgemeinschaft erbitten.

Eine kleine Pause kann folgen. Das Paar und die Trauzeugen können sich noch einmal in einen Raum zurückziehen, bis die Trauung selbst beginnt.

Im Weiheraum wird der kleine Tisch mit vier Stühlen davor aufgestellt. Die Gemeinde als Mitvollbringerin des Sakramentes nimmt Platz, wobei die Angehörigen und Freunde vorne sitzen. Wird die Trauung im Anschluß an die sonntägliche Menschenweihehandlung gehalten, so bewirkt auch die Zeitwahl als soziale Gebärde das Einladen der Gemeinde. Eine andere Zeit in der Woche lädt eigentlich die Gemeinde aus. Sie reduziert die Traugemeinde auf die unmittelbar Verwandten und Freunde, während es doch gerade zum Sinn der Trauung gehört, den Ehebund in die Gemeinschaft der Christen hereinzustellen. Die Gemeinde ist ihrerseits aufgerufen, die Substanz des Trausakramentes mitzuerbilden und mitzuvollbringen.

Der Trautisch ist rot gedeckt, die Gewandung des Priesters ist ein roter Trautalar, über dem ein hell-lila Chorhemd getragen wird. Die osterrote Stola als Zeichen der priesterlichen Würde wird vor dem Herzen gekreuzt. In der Welt ist Rot die Farbe des Blutes und der Revolution. Sie zeigt den Willen an, die Welt aus den Kräften des Blutes und auch durch Vergießen von Blut zu ändern. Im Kultus ist Rot die Farbe der Auferstehung, die Farbe der Ostertatsache. Sie erweckt im Anschauenden das Bewegende, Belebende und Erneuernde. Er vermag durch die Wahrnehmung des Auges und der folgenden Sinnesempfindung seelisch zu einem Erlebnis zu kommen, das jene gesteigerte und erhöhte Freudigkeit in sich trägt, die mit Ostern und dem Fest der Verbindung zweier Menschen im Namen des österlichen Auferstandenen zusammenklingt. Kandinsky sagt: »Das helle warme Rot... erweckt das Gefühl von Kraft, Energie, Streben, Entschlossenheit, Freude, Triumph...«[48] Im Rot des Kultus erscheint die

48 Wassily Kandinsky, Über das Geistige in der Kunst, Bern 1973[10], S. 100.

Farbe weltverwandelnden heiligen Blutes, des erlösenden Blutes Jesu Christi, der durch seinen Opfertod den Grund zu einer neuen Welt gelegt hat. Diese steht im Zeichen der Liebe. Rot ist die Farbe der Liebe. Wir sehen im Kultus die rote Farbe, wenn wir die Osterzeit feiern und wenn zwei Menschen ihre Lebensgemeinschaft im Namen des Auferstandenen beginnen, der als wesenhafte Liebe unter ihnen sein kann. Gott ist die Liebe (1. Joh. 4, 16).

Ein Bild Christi steht auf dem Trautisch. Sein Antlitz ist damit das Gegenüber, dem Paar, den Trauzeugen und der Gemeinde zugewandt. Bildhaft kommt zum Ausdruck, daß Jesus Christus auf die beiden Menschen, wie auf die Menschen überhaupt, blickt. Betritt das Paar den Weiheraum, »zieht es ein«, gefolgt von den beiden Trauzeugen, dann ist dies zunächst, auch im kultischen Bild, ein Gehen neben- und miteinander auf Christus zu. Ein Gang mit dem Ziel, vor Christus anzukommen und vor ihm zu stehen. Weggemeinschaft auf Christus hin – wie damals bei dem Gang der Jünger nach Emmaus, bei dem der Auferstandene zu Ostern den beiden Wandernden erscheint und ihr unsichtbarer Begleiter wird (Lukas 24, 13 ff.).[49] Der Anfang der Trauung ist das Zugehen auf Christus.

Wie beim Altargeschehen selbst, das sich einem heiligen Drama vergleichbar in mehreren Akten entfaltet und bei dem der innere und äußere Standort und Gang der Hand-

49 Rudolf Frieling, Christologische Aufsätze, Bd. III der Gesammelten Schriften zum Alten und Neuen Testament. Stuttgart 1982, S. 148 »Der Gang nach Emmaus«. – Johannes Lenz, Von der Wirksamkeit des Auferstandenen, Stuttgart 1980.

lung von rechts nach links und zur Mitte hin wechselt, haben auch bei der Trauung die Seiten eine qualitative Bedeutung. Der Mann geht und steht rechts, die Frau links. Unsere zivile Sitte des linksgehenden Mannes hängt mit dem Wehrgehänge zusammen. Der Mann trug den Degen oder das Schwert. Er brauchte eine freie rechte Hand, um notfalls ziehen und zum Schutz der neben ihm gehenden Frau handeln zu können. Vor dem Altar nimmt der Mensch die Haltungen ein, die den geistigen Tatsachen und den Urbildern entsprechen. Das Männliche entspricht dem Rechten und das Weibliche dem Linken. Man beobachte das Leben, vertiefe sich in die Symbolik der menschlichen Gestalt[50] und versuche, mit den Seiten rechts und links Qualitäten zu verbinden. Links und rechts weisen dann als Polaritäten und Seiten auf eine gemeinsame Mitte hin: Das Tätige, in die Welt mit der Rechten Eingreifende entspricht mehr dem Männlichen. Das Empfangende, Durchseelende ist mehr dem Weiblichen verwandt. Das Herz sitzt links. Beides ergänzt sich zur Ganzheit des Menschen.

50 Carl Gustav Carus, Symbolik der menschlichen Gestalt, Hildesheim 1977.

Die Trauung

Die Ehe ist ein Abbild der Gegenwart Christi.
Johannes Chrysostomos

In sieben großen Schritten entfaltet sich das Sakrament der Trauung.

Der Priester steht als Diener Christi dem Paar, den beiden Trauzeugen und der mitbetenden Gemeinde gegenüber.

Als erstes einleitendes Motiv erklingt der Aufblick zu dem, der durch seine Opfertat auf Golgatha die Wandlung des Menschen und die Wandlung der Erde bewirkte und seitdem weiter bewirkt. Irdisches wird durch Christus in Geistiges verwandelt. – Opfer und Wandlung als Einleitungsmotive zu einem freudigen und glücklichen Lebensfest?

Wer nur an sich denkt, wer nur für sich etwas will und wessen Glücksstreben von nichts anderem als dem Egoismus und seiner Befriedigung ausgeht, der ist nicht fähig für die Ehe. Ehe heißt doch über sich hinauswachsen, im Du die Ergänzung der eigenen Einseitigkeit zum Ganzen zu finden, heißt den Altruismus ein Leben lang üben: an den anderen zu denken, auf den anderen zu blicken, vom anderen her zu fühlen, dem anderen zu helfen. Wer lange verheiratet lebt, fühlt mit, daß Wandlung und Opfer leitende Motive im Zusammenleben der Menschen sind. Es gehört zur Wahrheitswelt dieses Sakramentes, daß es den Anfang der Trauung in das Zeichen des Opfers und der Wandlung stellt.

Dann werden der Name des Mannes und der Name der

Frau sowie die Namen der Trauzeugen ausgesprochen. Die Schicht im Menschen wird benannt, die bei dem Sakrament der Taufe den Namen empfing, den wir das ganze Leben tragen. Der Name ruft die Persönlichkeit an. Im Namen sind Person und Ich des Menschen umspannt. Ganz aus der Mitte der Persönlichkeit heraus soll das Paar, sollen alle bewußt eintreten in den Vorgang des Traugeschehens. Vier Persönlichkeiten sind es, die durch die Nennung des Namens in ihrem Innersten erreicht und damit ichhaft in das folgende Geschehen bewußt hereingeführt werden.

Mit der Trau-Gemeinde sind Menschen anwesend, die mit anschauen und anhören wollen, wie dieses Paar getraut wird. Sie geben ihre innere Aufmerksamkeit und ihre Fähigkeit zu hören hin an die Substanz des kultischen Wortes. Sie bilden die Kraft des Sakramentes durch ihre Hingabe mit. Sie sind, wie es das Evangelium von der Königlichen Hochzeit (Matth. 22, 1 ff.) sagt: Geladene zur Hochzeit, die kommen wollen und teilnehmen an der Verbindung zweier Menschen zur Gemeinschaft des Lebens. Sie sind Helfer.

Das Ja-Wort

Jeder Mensch hält Ausschau nach einem Menschen, der ihm das Ja des Seindürfens zuspricht.
Martin Buber

Die Ehe schließen zwei Menschen selbst. Schließen sie eine christliche Ehe, dann sprechen sie das Ja zueinander vor Gott und der Gemeinde. Aber welches Ja? Die Bergpredigt, die den alttestamentlichen Schwur zurückweist und überwindet, sagt den Menschen: »Eure Rede aber sei Ja, ja, Nein, nein, was darüber ist, das ist von Übel« (Matth. 5, 37). Zwei Buchstaben – ein kurzes Wort. Es ist so klein wie ein Samen. Aus der Keimkraft dieses Wortes heraus soll die Lebenskraft zu einer dauernden und lebenslänglichen Bejahung erwachsen. Aber wiederum: Was soll bejaht werden? Die Frage zielt nicht so sehr auf den menschlich-naheliegenden Bereich: Liebst du ihn? Liebst du sie? Gehst du deine Bindung in voller Freiheit ein? Wirst du die Kraft haben, ihm und ihr die Treue zu halten? Bleibt ihr beieinander »bis der Tod euch scheidet«? Nein, dies alles wird vom Sakrament nicht unmittelbar berührt; es wird vorausgesetzt. Der moderne Zeitgenosse ist ja frei, ob er das Sakrament bejahen kann und für die Segnung seines Lebens in Anspruch nehmen will. Das Persönliche haben die beiden miteinander zu klären. Wenn sie sich entschieden haben, dann greift die Frage des Sakramentes unendlich tiefer. Die Frage, die Christus durch das Sakrament an den Menschen stellt, schließt ein, daß wir eine Beziehung zur geistigen Welt haben. Schon Paulus sagt in seinem Brief an die Philipper »Unsere Heimat aber ist im Himmel« (Phil. 3,2), so wie das Bestattungsritual der Christengemeinschaft ausspricht, daß der verstorbene Christ die geistige Welt als seine Heimat benannt hat, also ein bewußtes Verhältnis zu Lebzeiten zu ihr hatte.

Wir sind, wie es im ersten Weltkrieg Walter Flex nannte, Bürger zweier Welten. Wir gehören der Erdenwelt und der Himmelswelt an. Wir sind Erden- und Himmelsbürger. Würden wir uns nur zu dem Menschen entschließen, wie er als natürlicher Mensch von der Kindheit durch die Jugend bis zu dem Lebensaugenblick geworden ist, wo er sich zum »Ja« entschließt, dann wären viele Quellen der Täuschung und des Irrtums möglich. Das sinnliche Erscheinungsbild und die Persönlichkeit, wie sie bis jetzt geworden sind, würden als Tragegrund nicht ausreichen. Ich verbinde mich ja der Zukunft. Ich heirate einen Menschen, der wird. Im Laufe der zukünftigen Jahre wird er sich ändern und verwandeln. Bejahe ich auch die unsichtbare Zukunft in ihm? Der Leser erlaube eine Anregung: Man stelle sich den Menschen vor, wie er älter und älter wird, bis er kleiner, ergraut, runzelig, gebrechlich vor der Seele steht. Hat das Ja die Kraft auch zu dieser Zukunft des Lebens? Ruht nicht die Zukunft noch im verborgenen Grund der Welt? Ist sie nicht zwar geistig schon da, aber für uns noch nicht offenbar?

Als Christ habe ich einmal den Entschluß gefaßt, die geistige Welt anzuerkennen. Im Gebet spreche ich das Bekenntnis aus, daß der göttliche Vater in den Himmeln ist. Der Blick auf den Menschen und die Erfahrung einer Taufe kann mir sagen, daß der Mensch einer vorgeburtlichen

Welt entstammt, aus den Himmeln kommt und durch das Tor des Todes wieder ganz in die geistige Welt eintritt. Verbinde ich mich einem anderen Menschen, dann ist mein Entschluß darauf angewiesen, daß in ihn eine Kraft einzieht, die unserer Beziehung zur himmlischen Welt entstammt. Ich kann nicht »auf Zeit« heiraten. Heirate ich, dann anerkenne ich, wie es der Volksmund sagt, daß »Ehen im Himmel geschlossen werden«. Ist es nicht gerade der Zauber der frühen Liebe, daß ich das Himmlische am anderen fühle und daß meine Liebe, die den anderen umgreift, mir das Höhere seines Wesens erschließt? Das Ewige und Himmlische soll aber gerade der tragende und die Zeit überdauernde, bleibende Grund der Ehe werden. Ganz wenige Entschlüsse gibt es, die dieses Gewicht haben, so z.B. der vorgeburtliche Entschluß eines Menschen zur Erde und zur Geburt; der Lebensentschluß, Christ zu werden; der Entschluß ein Beter zu sein oder immer neu zu werden. Der Entschluß zur Lebensgemeinschaft hat dieses ganz einmalige und seltene Lebensgewicht. Beim Standesamt unterschreibe ich einen Vertrag, beim Sakrament spreche ich ein Ja zu der Tatsache, daß ich einen Entschluß vor Gott und der Gemeinschaft der Christen bekenne, mit dem ich mich in der geistigen Welt darinstehend empfinde. Das Schloß, das uns vielfach die geistige Welt und den anderen Menschen ver-schließt, wird entriegelt. Der Ent-Schluß öffnet das Tor. Im Sakrament öffnet sich der Himmel, durch das Sakrament geht die Tür zum anderen Menschen auf.

Die Trauzeugen

Hat das Paar sein Ja gesprochen, wendet sich der Priester den beiden Trauzeugen zu. Sie stehen im Kultus zu beiden Seiten des Paares. Sie sind Zeugen, wie wir es auch sonst im Leben auffassen: Menschen, die mit ihren wachen Sinnen sehen und hören, wie sich diese beiden Menschen verbunden haben. Doch nicht nur der Augenblick, die Gegenwart sollen in ihrem Bewußtsein lebendig sein. Sie übernehmen in dieser Stunde eine Aufgabe, welche weit in die Zukunft reicht. Sie währt solange das Leben dauert. Sie legen im Grunde ein Gelöbnis ab. Sie versprechen – so wie sie sichtbar, aber auch im kultischen Bild wahrnehmbar – den beiden tatsächlich zur Seite zu stehen, in der Zukunft Beistand zu leisten. Worin der Beistand bestehen wird, muß das Leben zeigen. Sie sind aber nur beistandsfähig, wenn sie wirklich den Lebensweg dieser Menschen zu beiden Seiten begleiten und immer neu Zeugen sind für das Gehen und Ergehen. Sie sollten sich durch lebendige Pflege der Beziehung »überzeugen«, wie es um die Ehe steht und ob und wenn ja, wie beigestanden werden kann. Sie bilden damit real an der Gemeinschaft mit. Damit die Trauzeugen ihr Amt und ihre Aufgabe wirklich in dem Sinne erfüllen können, wie sie aus dem Sakrament als ideal erscheint, bedarf es einiger Voraussetzungen.

Das Paar sollte sehr früh – etwa zur Zeit der Verlobung und der Reifung des Entschlusses – auch die Gespräche haben, die zur Wahl der Trauzeugen führen. Gesichtspunkte können dabei etwa sein:

Verwandte haben durch die Verwandtschaft eine bestimmte Beziehung zu dem einen der Partner. Die Trauzeugen sollten als Nicht-Verwandte zu Wahl-Verwandten gewählt werden können, die zu beiden gleichwertige und gleichrangige helfende Beziehungen pflegen können. Der Grad der Freiheit ist größer und die geistig-menschliche Beziehung im allgemeinen dichter, wenn nicht Blutsverwandtschaft besteht.

Günstig ist ein Alter, aufgrund dessen man hoffen darf, daß sie lange Zeit hindurch Begleiter sein können.

Sie sollten nicht nur das Sakrament als den heiligen Anfang dieses Lebensbundes bejahen, sondern auch dessen Fortsetzung, wie sie sich in der Menschenweihehandlung darlebt.

Sie sollten nach der Frage und Bitte Zeit zum Bedenken haben. Ihr Ja hat mehr Kraft und mehr Gewicht für die Zukunft, wenn es aus einem wirklich freien Entschluß hervorgeht. Sagt etwa der eine nein aus Verantwortung, dann ist dies anzuerkennen und immer noch Zeit zur Wahl eines anderen Trauzeugen.

Ein vorbereitendes Gespräch des Priesters mit den Trauzeugen sollte daher so früh wie möglich stattfinden können, so daß die als Zeugen Gefragten wirklich Zeit für ihren Lebensentschluß haben. Sie müssen sich auch einrichten können, zur Trauung dabei zu sein.

Es ist nicht unbedingt erforderlich, daß bei der standesamtlichen Trauung für das Rechtliche dieselben Trauzeugen wie bei dem Sakrament gewählt werden. Die Aufgabe der Trauzeugen beim Standesamt ist erfüllt, wenn der Rechtsvertrag unterschrieben ist.

Zur inneren und sozialen Voraussetzung gehört, daß die beiden soviel Vertrauen zu den Zeugen haben und pflegen, daß sie die Ehe ihnen gegenüber öffnen. Eine wirkliche Teil-Nahme ergibt sich nur, wenn die einzelnen wichtigen Schritte auf dem Lebensweg und die wesentlichen Stationen desselben mit den Trauzeugen geteilt oder wenigstens ihnen mit-geteilt werden. Die Aufgabe, Beistand zu leisten, ist nur erfüllbar, wenn eine wirkliche Kenntnis des Lebens und der Entwicklung der beiden Partner möglich ist.

Der Fortschritt zur Gleichberechtigung hat es mit sich gebracht, daß beide Ehepartner gleiche Rechte haben. Früher entschied in einem Streitfall der Mann und Vater. Das Eherecht war patriarchalisch. Die Gleich-Berechtigung zielt darauf, daß beide in den wichtigen Fragen des Lebens immer Harmonie erreichen und auch auf dem geistigen und materiellen Felde zu gleichen Anschauungen und Entscheidungen kommen. Ist dies überhaupt nicht mehr möglich, muß der Rechtsbeistand gesucht werden. Dann werden Anwälte hinzugezogen. Das geschriebene Recht beginnt sich auszuwirken, die Standpunkte verhärten sich, und schließlich stehen beide Ehepartner vor Gericht.

Mit den Trauzeugen und ihrem Amt wird für die Zukunft eine Sozialgestalt neuer Eheführung erbildet, die erlaubt, daß der Beistand jeweils ein selbstgewählter Mensch des vollen Vertrauens ist und ein Kenner und Begleiter der Ehe. Vor jeder Verkrustung und vor jeder Verhärtung haben Trauzeugen die Chance, den Gang des Eheschicksals helfend zu begleiten und zu fördern, wenn von beiden Seiten Offenheit geübt wird. Den Paten bei der Taufe vergleichbar, ist mit dem Amt der Trauzeugen ein Verantwortungsbereich für das Zusammenleben der Menschen veranlagt, der seine volle Kraft in der Zukunft zeigen wird.

Natürlich ist das Trauzeugenamt auch eine religiöse Bewußtseinsaufgabe. In übender Erinnerung können die zwei Helfer sich immer neu den Anfang der Lebensgemeinschaft und den Augenblick der sakramentalen Trauung vergegenwärtigen, in dem das Ziel der Ehe verborgen und geborgen lag. Als bewußte Christen werden sie Erfahrung darin haben, daß sich allmählich die Substanz eines solchen heiligen Anfanges mindern kann und das Leben schließlich vieles überdeckt. Wie sieht das Amt des Trauzeugen nach sieben, fünfzehn oder gar zwanzig Jahren aus? Steht die Aufgabe lebendig vor der Seele? Ist genügend Initiative aufgebracht worden, um die Beziehung zu pflegen und zu entfalten? Ist das Andenken an diese Menschen in das eigene Beten einbezogen? Haben die guten und helfenden Gedanken an dem schützenden Gewebe mitgebildet, das zur höheren Lebensleiblichkeit der Eheleute gehören kann und beide umhüllt?

Jedenfalls bildet das Sakrament der Trauung auch den Anfang des Werdens und Reifens eines Trauzeugen. Wie alles Lebendige bedarf diese Aufgabe des Schutzes, der Übung und der Pflege durch die Zeit.

Der Ringwechsel

Nachdem die Trauzeugen ihre Aufgabe übernommen haben, erfolgt der Wechsel der Ringe. Die Verlobten hatten sich diese Ringe geschenkt. Sie tragen sie Dritten gegenüber als Zeichen für eine eingegangene Bindung. Der Ring ist golden, ein schlichter Reif, ein Symbol, das alle Kulturen und Religionen der Menschheit in dieser oder jener Form kennen.

Er bildet einen Kreis, er ist ohne Anfang und Ende. Das Gold als leuchtendes, helles und warmes Metall ist der Sonne zugeordnet. In der ägyptischen Schrift stellt der Ring das Zeichen für Ewigkeit dar. Im vorderen Orient waren Zauberringe üblich, die vor Krankheit und Unheil schützen sollten. Der Ring bildete den auf die Erde gezeichneten Zauberkreis ab.

In Rom trugen nur Senatoren und Jupiter-Priester den Ring als Zeichen der Würde. Erst von 216 v. Chr. an wurde sein Tragen auch Kriegern gestattet. In Griechenland war das Tragen eines goldenen Ringes Vorrecht des freien Mannes. Wir sehen, wie sich um die Zeitenwende die Sitte herausbildet, daß die werdende freie Persönlichkeit Träger des Ringes wird.

In Richard Wagners »Ring des Nibelungen« wird der Ring zum wesentlichen Symbol der Mythologie der Germanen (daß diese im 20. Jahrhundert verzerrt und mißverstanden wurde, weil man die Imaginationen nicht mehr geistig begriff, sondern rassisch etc. mißinterpretierte, kann hier nicht näher ausgeführt werden). Aus den Tiefen des Wassers wird das Gold gewonnen, aus welchem der

Ring geschmiedet wird. Um ihn kämpfen Götter, Menschen und Dämonen. Schließlich wird der Mensch auf seinem Weg zur Freiheit und Ichhaftigkeit Träger und Besitzer des Ringes. Wenn auch auf dem Ring des Nibelungen ein Fluch liegt, weil das Christentum mit seiner verwandelten Kraft noch nicht heraufgezogen ist – wie dann im »Parsifal« dargestellt –, läßt sich an diesen Musikdramen Wagners viel über Wesen und Bedeutung des Ringes ablesen.

Der Ring als Zeichen der Verlobung, dann der Vermählung, spricht aus, daß Bindung nur im Sinne einer errungenen Freiheit möglich ist. Der Ring bindet. Der »antiquierte römische Ritus«[51] kennt nur die Ringübergabe des Bräutigams an die Braut. Nach dem alten katholischen Kirchenrecht wird die Frau an den Mann gebunden und begibt sich so ihrer Freiheit. Die deutschen Bistümer kennen allerdings bereits die wechselseitige Ringgabe. Denn wer den Ring gibt, bindet den, der ihn annimmt.

Aus dem Goldgrund der Welt heraus entfaltet sich der Mensch zur ichhaften freien Persönlichkeit. Diese kann sich in Freiheit wieder binden: der geistigen Welt gegenüber im religiösen Handeln, im Sozialen etwa durch Eingehen einer Ehe. Auf ihr kann heute nur Segen ruhen, wenn sie den Prozeß der Ichwerdung und der wirklichen Freiheit, für die Bindung kein Widerspruch darstellt, einschließt.

Im Gleichnis vom Verlorenen Sohn empfängt der Sohn,

51 Lexikon für Theologie und Kirche, Freiburg 1963, Kapitel Ring.

der in der Fremde war und wieder zum Vater findet, einen Fingerreif (Luk. 15,22). Er hat sich durch Auszahlen des Erbes, Lossagen vom Vater und Gang in die Gottesferne die Freiheit errungen, auch wenn ihn sein Weg durch alle Tiefen führte. Kehrt er in Freiheit zurück zum Vater, bringt er ein Mehr mit, als der immer daheimgebliebene Sohn darleben kann. Er empfängt ein neues Gewand, trägt den Ring am Finger und hat ein neues Verhältnis zur Erde (Schuhe) gewonnen.

Das Rund des Ringes weist für die Ehe noch auf eine andere Seite des Lebens hin. Persönlichkeiten stoßen einander. So wie Geschwister im Heranwachsen sich streiten, weil der Prozeß der Ichwerdung und der gemeinschaftlichen Form des Familienlebens sich aneinander reiben, so »ecken« Ehepaare im Zusammenleben oft aneinander an. Kleinigkeiten sind in einer Ehe Anlaß zu einer Auseinandersetzung und zu einem Streit. Aufgabe der Lebenskunst ist es, die Ecken immer neu zu glätten und in das Runde und Ganze eines Ehetages zurückzunehmen. Der Blick auf den Ring und das Erfühlen seiner Rundung kann Eheleute täglich daran erinnern, daß kein Tag abgerundet werden sollte, ohne daß auch alles Kantige, Stoßende, Verletzende und Eckige zurückgenommen und verziehen wird im Zeichen des Ringes.

Wer blinden Gehorsam will und wem eine goldene Kette als Zeichen der Ehe lieber wäre als der dem anderen geschenkte Ring, der vermag nicht den Sinn von Klärungs- und Entwicklungsprozessen anzuerkennen. Ich und Wir, der einzelne und die Gemeinschaft in der Ehe sind tägliche Aufgabe.

Wir tragen den Ring an der Hand. Sie weist auf Tat und »Handlung« hin. Initiativ und tätig, handelnd, kann an der Gemeinsamkeit des Lebens gebildet werden. Eine Ehe zu leben, schenkt und gibt sich nicht von selbst. Gerade wer die werdende freie Persönlichkeit bejaht, ist aufgerufen, mit seinen Händen, die den Ring des anderen tragen, an der neuen Gemeinschaftsform tätig zu bauen.

Auf dem Gang zur Trauung trägt jeder den Ring, den er dem anderen schenkt.

Beim Ringwechsel nimmt der Priester den Ring von der Hand des Mannes und legt ihn vor die Frau. Er nimmt den Ring von der Hand der Frau und legt ihn vor den Mann. Dabei kreuzen sich die Ringe. Dies alles geschieht vor dem Bilde Christi und damit vor dem Antlitz Gottes. Ein Ringsegen folgt. Die Frau empfängt an ihre Rechte den Ring von dem Mann, der Mann an seine Rechte den von der Frau.

Wer sich dem anderen im Zeichen des Ringes und des Kreuzes ganz gibt, der empfängt. Das Geheimnis der Hingabe und die Kraft der Liebe beruhen ja gerade darin, daß der Mensch um so mehr empfängt, je mehr er gibt. Ein Mehr an Liebe führt nie zur Verarmung, sondern macht den Menschen durch Schenken und Geben immer reicher. Hier gilt das Lebensgesetz des Evangeliums: Denn wer da hat, dem wird gegeben (Luk. 19,26).

Der Ringwechsel zeigt an, daß der Ring nicht nur von Mensch zu Mensch geht, sondern daß sich dem Geben die Segenskraft Christi verbindet, wenn das Geben von dem einen zum anderen vor dem Altar und vor dem Antlitz Christi geschieht.

Der Ring wird von der Frau und dem Mann mit demselben Wort empfangen. Er ist nun Zeichen dafür, daß alle Kräfte des Geistes, der Seele und des Lebens sich zu einem lebendigen Ganzen schließen. Im höheren Sinne sind die beiden Menschen eines. Damit fühlt sich das Herz an das Herz des Lebensgefährten gebunden. Die Freiheit des Einzelnen verwandelt sich in die lebenslange Bindung, die vom Herzen her immer neu zu durchwärmen und mit Liebe zu durchseelen ist. Der Kräftekreislauf ist geschlossen.

Im Zeichen des Kreuzes

Mit dem Fortgang der heiligen Handlung tritt ein weiteres kultisches Zeichen hinzu.

Auf dem Trautisch liegen vorbereitet zwei einzelne Stäbe und ein rotes Band. Der Stab stammt vom lebentragenden Baum. Er ist in vielen Kulturen und Kulten von großer Bedeutung. Ägyptische Götter und Könige trugen den Krummstab, aus dem sich später der Stab der katholischen Bischöfe entwickelt hat.

Odysseus verwandelt mit der Kraft eines Stabes die Gefährten der Circe in Tiere. Dionysos läßt durch seinen efeuumwundenen Stab eine Quelle hervorsprudeln. In der Hand orientalischer und antiker Herrscher, aber auch der mittelalterlichen Kaiser und Könige bis zum Feldmarschall des 20. Jahrhunderts ist das Skeptron-Zepter Zeichen der Würde und Macht. Beim Richter, der den Stab bricht, gilt er für die Wahrheit des Richterspruches und die Gewalt über Leben und Tod.

Moses gebot den Israeliten, das Passah-Mahl mit umgürteten Hüften, beschuhten Füßen und einem Stab in der Hand zu essen (2. Mos. 12, 11). Der Stab wird zum Zeichen der inneren Bereitschaft jedes einzelnen für die Wanderschaft. Moses erhält bei seiner Berufung zum Führer Israels die Weisung: »Nimm diesen Stab in die Hand, mit dem du die Zeichen wirken sollst« (2. Mos. 4, 17). Er trägt den Gottesstab in seiner Hand (4, 20). Moses und sein Bruder Aaron verrichten mit dem von göttlicher Kraft erfüllten Stab zahlreiche Wunder (2. Buch Mos. 7, 17, 21; 9, 22 bis 25). Bei seiner großen Wanderung wird das Volk Israel vom Stab begleitet.

Als Jesus die Jünger aussandte, trug er ihnen auf, »nichts mitzunehmen auf den Weg als nur einen Stab« (Mk. 6, 8). Der Hirte trägt den Stab für die Herde. Als guter Hirte trägt Christus selbst den Stab (siehe Psalm 23, 4). In der Ikonenmalerei wird Christus bei der Auferweckung des Lazarus mit dem gestreckten Stab in seiner Hand dargestellt; der Erzengel Gabriel trägt den Stab als Zeichen seiner Würde. Schließlich seien diese Beispiele mit dem Bild des ausschlagenden Stabes in der Hand des Joseph bei der Verlobung mit Maria abgerundet, von dem das Prot-Evangelium des Jakobus berichtet.

Wer andere mit dem Stab in der Hand leiten will, muß sich selbst führen können. Wer andere be-herrscht mit dem Zepter in der Hand, muß Herr über sich selbst sein. Wer ein Hirte zum Schutz des Lebens sein will, muß den Stab sicher führen. Der Stab ist Zeichen für das Menschen-Ich, das allmählich heranreift zum Königtum des

Menschen und zur priesterlichen Fähigkeit des Hirten, der lebendiges Hütertum pflegt.

Im Kultus werden die Stäbe zum liegenden Kreuz mit dem osterroten Band zusammengebunden. Das Band ist kultisch das Bild für die Ver-Bindung zum Lebens-Bund.

Erhoben vor und über dem Paar, der ganzen Gemeinde sichtbar, spricht dieses Zeichen von der Bindung der beiden bisher einzelnen und voneinander getrennten Menschen durch das Band im Zeichen des Kreuzes. Dies mag hier auch daran erinnern, daß sich die getrennten Lebenswege in einem bestimmten Augenblick des Schicksals gekreuzt haben und das Bewußtsein füreinander erwachte.

Dann spricht der zelebrierende Priester die beiden durch das Ritual unmittelbar an. Mit einer weisenden Gebärde auf das Bild Christi wird von der Beziehung der beiden zueinander gesprochen, die sie in ihrer unterschiedlichen Art des Menschseins im Lichte Christi haben.

Der Dichter Heinrich v. Kleist hat an seine Freundin Wilhelmine von Zänge Briefe der Liebe geschrieben.[52] In ihnen sind Denkübungen enthalten. Mit jedem Brief sandte er Aufgaben und Rätsel, um das Denken des geliebten Mädchens zu erwecken und auszubilden. Eine der Aufgaben lautete: Wenn du am dunklen Abend durch die Straßen gehst und auf deinem Weg dein Licht sehr hell leuchten läßt, was tust du damit? Dabei denkt Heinrich v. Kleist an die kleinen Laternen, welche die Menschen jener Zeit

52 Heinrich v. Kleist, Sämtliche Werke und Briefe, München o. J. Band 2, Seite 460 ff.

um 1800 in der Hand trugen. Und er erwartet die Antwort: Wer *sein* Licht sehr hell leuchten läßt, stößt den anderen tiefer in die Dunkelheit zurück. Oder für uns heutige gesagt: Wer mit seinem Auto im Dunklen aufgeblendet fährt, verunsichert und gefährdet sein Gegenüber.

Das Licht, das dem Lebensweg zweier Menschen leuchtet, ist weder das noch so kluge und gescheite Bewußtseinslicht des Mannes, noch allein die helle und milde leuchtende Seelensubstanz der Frau. Das Licht leuchtet von oben. So wie wir die Augen erheben zur Sonne, dem Licht der Welt, das uns Licht und Wärme schenkt, schauen Mann und Frau in der sakramentalen Lebensgemeinschaft auf zu Christus. Sein Licht kann ihnen leuchten, seine Liebe durchwärmt ihre Herzen. Beide können sein Licht im Geist und in der Seele ihres Menschseins wirken lassen. Mit ihm leuchtet das, was im Geistigen nun gebunden ist und dem Lebensweg beider Licht gibt. Das schenkt ihnen ein Verhältnis zueinander, das nicht vom Scheinlicht der eigenen Überlegenheit nach dem Motto: Was ich sage, ist wahr…, ich habe recht…, du hast zu folgen… bestimmt ist, sondern von dem gemeinsamen Aufschauen zu dem, der das Licht der Welt und der Wahrheit ist. Bei Lebensfragen und Lebensproblemen können beide aufschauen zu Ihm und fragen: Was ist jetzt wahr? Was ist jetzt das Rechte? Was können wir tun? Wie kommen wir weiter? Ergibt sich dann das Aufleuchten des Wahren zwischen beider Bewußtsein, schenkt sich die Antwort beiden gemeinsam, dann ist sie nicht nur ausgedacht, sondern ihnen von einem höheren Ort aus gegeben. Voranzuleuchten und zu folgen in dem Lichte Christi sind, wie die

Nachfolge Christi selbst, Fähigkeiten und Tugenden, die anfangsweise wieder erübt werden können.

Ansprache

Nach diesem Teil des Trausakramentes kann eine Ansprache gehalten werden. Sie ist nicht Bestandteil des Ritualwortes, sondern freie Rede. Sie wird die persönlichen Schicksalswege anklingen lassen und auf das Besondere dieser Lebensverbindung hinweisen. Der hohe Sinn dieses Augenblickes, wie es Kurt v. Wistinghausen nannte[53], kann angeschaut und ausgesprochen werden. Diese Rede schenkt zugleich die Möglichkeit, die teilnehmende Traugemeinde, der oft heute kultusfremde Menschen angehören, in das sakramentale Geschehen hereinzunehmen. Angesichts des Ungeistes unserer Zeit muß ja der heilige Sinn der Ehe wieder errungen werden, der weithin verlorengegangen ist. Die freie Ansprache gibt eine Möglichkeit dazu.

Der Segen

Nach der Ansprache folgen die beiden letzten Schritte der Handlung. Das Ritualwort klingt wieder auf. Das Sakrament weitet sich zum Segen. Durch den Segen wird dem Menschen eine Heilskraft zugesprochen und der Lebensleiblichkeit des Hochzeitspaares einverwoben.

53 Kurt v. Wistinghausen, Grundlegung der Ehe, Stuttgart 1963.

Wenn wir einen Siegellack nehmen, in der Flamme einer Kerze aufweichen und verflüssigen, können wir das Petschaft als Siegel eindrücken. Der Name oder die Initialen sind dann bleibend eingeschrieben. Der Stoff gibt den Namen wieder. Sind die Seelen des Paares und ihre Lebenskräfte durch die Offenheit und Hingabe dem Sakrament gegenüber bei flammenden Herzen genügend bildsam geworden, dann vermag sich das Gotteswort, das sich rituell ausspricht, einzuschreiben und unverlierbar einzudrücken. Wie die Prägung eines Siegels anschaubar bleibt, so kann in der Erinnerung immer wieder an das Wort der Trauung angeknüpft werden, um aus ihr Kraft zu schöpfen für das Leben.

Wer heiratet, strebt Glück an. Das Glück erhält seinen Charakter von den Vorstellungen und Idealen, die der einzelne damit verbindet. Der eine empfindet als Glück, abgeschirmt von der Welt in einer Villa mit hoher Mauer umgeben mit seiner Gefährtin zu leben, das Vermögen zu mehren und zu genießen. Seine unbewußte Maxime ist unbegrenzter Egoismus. Der andere erfährt das Glück, indem er geistige Erfahrungen durchlebt und sich wenigstens für Augenblicke schon in der geistigen Welt beheimatet fühlen darf. Er möchte am Weltenfortgang bauen und bilden, er möchte helfen. Sein Ideal ist dienen. Das erfüllte Glück der beiden wird um so größer sein, je mehr sie sich im Einklang fühlen mit dem, was gerade möglich ist. Der zunehmende Ernst der Gegenwart wird Genügsamkeit, Bescheidung und Verzicht im Gegensatz zu unbegrenztem Wachstum auf allen Lebensgebieten fordern.

Das Glück des Einzelnen ist verwoben mit dem Glück des Ganzen. In der Ehe, als der sozialen Urzelle, ist auch die Ganzheit des Zusammenlebens der Völker verborgen. Wie könnte Friede und Menschlichkeit für alle erreicht werden, wenn schon im kleinen Bereich einer Ehe Unfriede und Unmenschlichkeit zuhause sind? Was wir im Großen wollen und erhoffen, müssen wir im Kleinen bauen.

Der Segen wird im Namen der göttlichen Dreieinigkeit, dem Vater, dem Sohn und dem Heiligen Geist, gespendet. Wird im Zusammenleben von Mann und Frau am Ebenbild der Gottheit gewoben, dem Urbild des Menschen, wie es von Gott gedacht und geschaffen ist, dann sind in der Dreiheit von Leib, Seele und Geist, die im Menschen eine Einheit darstellen, Grundkräfte wirksam, die mit der dreifaltigen und einen Gottheit verbinden. Ihr Segen kann dem Leben dieses Paares zustrahlen. Damit leuchtet am Schluß der Trauung Herkunft, Gegenwart und Ziel in der Zusammenfassung noch einmal auf.

Der Mensch entstammt der vorgeburtlich-geistigen Welt. Die Präexistenz der Seelen ist eine menschenkundliche Grundanschauung, die den Sakramenten, insbesondere der Taufe, zugrunde liegt. Durch Kindheit und Jugend bereiteten sie sich individuell vor, bis beide sich in einem bestimmten Augenblick kennen und lieben lernten. Der gemeinsame Entschluß führte sie durch das Tor des Sakramentes in die Landschaft des Lebens herein. Das Menschheitliche in ihnen, das jenseits der Polarität von Mann und Frau beheimatet ist, wird teilhaben können an dem wirklichen Glück, in das die beiden hineinzuwachsen vermögen. Die Ehe kann damit zu einem helfenden Dienst am Fortgang der Entwicklung und dem Heil der Menschheit werden.

Die Worte des Segens münden ein in die Gebärde des Segnens, die den Abschluß der Trauung bildet.

DER LEBENSBUND

Silberne Hochzeit

Die Liebe herrscht nicht,
aber sie bildet,
und das ist mehr.
Johann Wolfgang v. Goethe

Die Ehe hat eine große soziale Bedeutung. Gerät sie in Schwierigkeiten oder wird sie gar geschieden, braucht sie meist viele Hilfen anderer, um das Unglück im Sozialen aufzufangen. Für Kinder ist es je nach Alter eine tiefe Lebensenttäuschung, eine unheilbare Wunde. Sie hoffen zu Recht auf eine gute Gemeinsamkeit ihrer Eltern.

Gelingt die Ehe, dann bekommt die gemeinsame Lebensleiblichkeit, die beide umhüllt und in die beide hineinwachsen, Strahlungskraft. Welche Heiterkeit und welche Freude, welche sozial heilende Kraft geht von einer guten Ehe über die Familie in den sozialen Umkreis aus! Was kann alles bewirkt werden durch Gastlichkeit, Gespräch, Nachbarschaftshilfe, Lesekreis oder Studienabende? Welche Feste können Menschen miteinander verbinden? Das gemeinsame Leben entfaltet sich – wie alles Leben – im Rhythmus. Es wird Zeiten geben, die mehr nach innen der Pflege der Gemeinsamkeit zugewandt sind, andere Zeiten, die mehr nach außen durch Feste, Reisen und Äußerungen der Mitmenschlichkeit wirken. Ist der

Rhythmus des Lebens im Individuellen mehr ein solcher der sieben Jahre, wie z.B. Geburt – Zahnwechsel – Erdenreife und Mündigkeit, den das siebte, vierzehnte und einundzwanzigste Lebensjahr anzeigen, so entwickelt sich der sozial orientierte Lebensrhythmus in Fünferrhythmen, 25 Jahre Ehe – Silberne Hochzeit, 50 Jahre Ehe – Goldene Hochzeit.

Nach 25jähriger und nach 50jähriger Ehe kann das Trausakrament wiederholt werden.

Viele Paare werden sich fragen: Sollen wir noch einmal heiraten? Ich habe einmal Ja gesagt, das reicht für das Leben. Und sollen die Kinder die Hochzeit ihrer Eltern erleben?

Doch gehört es gerade zum Wesen des neuen Sakramentes, daß es in einem doppelten Sinne aufgefaßt und gelebt wird. Es ist erstens Tat und Handlung, die an einem bestimmten Ort zur bestimmten Zeit vollzogen wird, zweitens ein lebensbegleitender und lebentragender Prozeß. In unserem Falle also die Trauung am Tage der Hochzeit und die sakramentale Lebensschicht der Ehe, die durch die Jahre hin lebendig erhalten und gepflegt werden sollte. Dann leuchtet in der Wiederholung des Trausakramentes nach 25 Jahren bei der Silbernen und nach 50 Jahren bei der Goldenen Hochzeit der heilige Anfang wieder auf.

Begegne ich dem Jordanfluß bei der Einmündung in das Galiläische Meer oder trete ich an die Taufstelle dieses Stromes, kurz bevor er in das Tote Meer erstirbt, immer ist es derselbe Strom in unterschiedlichen Phasen seines Laufes. Das Trausakrament kann zu verschiedenen Malen seine ganze Segensfülle und die Leuchtkraft seiner Urbildlichkeit entfalten. Es wird bei verschiedenen Stationen des Lebens hilfreich sein. Eheleute, die erneut in einem bewußten Akt vor das Antlitz Gottes und vor den Altar treten und wiederum ihr Jawort zueinander sprechen, vollziehen in der Weihesphäre, was in bescheidenerem Maße ohnehin tägliche Aufgabe in der Ehe ist.

Die Trauung wird im gleichen Sinne vollzogen. Ein Vorspruch knüpft an das Ereignis vor 25 Jahren an. Leben die Trauzeugen und haben sie sich bewährt, dann wird die gleiche Schicksalskonstellation vor den Altar treten. Sören Kierkegaard, der dänische Philosoph, führt in seinem Aufsatz »Die Wiederholung«[54] aus, wie diese die *Wieder*-Holung von etwas ist, das sonst droht verlorenzugehen. Nach ihm lehrt die neue Philosophie, »daß das ganze Leben eine Wieder-Holung ist«. Bildhaft fährt er fort: »Die Wiederholung ist das tägliche Brot, das sättigt mit Segen.« In der Nahrungsaufnahme wiederholen wir das Essen des gleichen Brotes, das sättigt und ein Segen für uns ist.

Zur Fruchtbarkeit des Lebens gehört die Wiederholung. Die Menschenweihehandlung wird durch die Jahre hin in stetig wachsender, aber gleicher Gestalt wiederholt, wie auch das Gebet des Vaterunsers. Damit holen wir unser Wesen als Menschen wieder, das sonst droht, vom Alltagsgeschehen aufgesogen zu werden. Wiederholen wir die Trauung, dann wird sie lebendige Gegenwart und erhoffte Zukunft. Das ewige Licht und die ewige Wärme,

54 Sören Kierkegaard, Werke, Band 2, Hamburg 1961, S. 7ff.

die diesem Sakrament innewohnen, werden wieder-geholt und vergegenwärtigt.

Hat sich nicht inzwischen die Lebensqualität entscheidend verändert und weiter entwickelt? War das erste Mal gekennzeichnet von der Zartheit und Hoffnung eines guten Anfangs und des Zusammennehmens allen guten Willens, daß dieser Bund gelingen möge, so gibt jetzt die Erfahrung, das gemeinsame Schicksal und das durchmessene Leben das Gewicht der Treue bei einer erneuten Bekräftigung.

Noch ein anderer Gesichtspunkt kommt hinzu. Tritt ein Paar nach einem Vierteljahrhundert erneut vor den Altar und die Gemeinde, bekommt dies als Bekenntnis zum gemeinsamen Leben ein entscheidendes soziales Gewicht. Wird dieses Ereignis im Leben der Gemeinde verankert, so daß möglichst viele – auch junge Menschen – daran teilnehmen können, wird ein menschliches Leitbild aufgerichtet. Eine Ehe durchzutragen erscheint dann als möglich. Treue ist leistbar, Gemeinsamkeit geschenkt. Ein Maßstab leuchtet auf, eine Orientierung für Fragende und Suchende. Mehr als alles Reden »darüber« ist an der Feier einer Silber-Hochzeit miterlebbar und ablesbar, daß der Ehebund eine überindividuelle menschliche Dimension hat. Er trägt zum Heil des Ganzen bei. Wer eine Silbertrauung vollziehen läßt, schenkt der Gemeinde und allen übrigen Menschen, die daran teilnehmen, etwas Wesentliches. Er bildet an der Zukunft und der Heiligung der Ehe.

Sind Kinder herangewachsen, so werden sie mit Freude dieses Fest ausrichten und dankbar in dem Alter, in dem sie selber heiraten wollen oder gerade verheiratet sind, die erneute Segnung ihrer Eltern erleben.

Goldene Hochzeit

> Eine Goldene Hochzeit hat etwas so Rührendes, und man kennt manches Ehepaar, das nach schweren, jahrelangen Stürmen miteinander zufrieden und glücklich geworden ist.
>
> *Peter Rosegger*

Noch bewegender als eine Silberhochzeit ist die Goldene Hochzeit. Beim Gang eines alten Paares, das ein halbes Jahrhundert zusammengelebt hat, zum Traualtar, leuchtet der Goldgrund der geistigen Welt auf. Wie das Licht der Sonne im Herbst eine eigene Qualität und Wärme erhält, strahlt der Segen der geistigen Welt über einem greisen Paar in einem herbstlich-warmen Leuchten. In der kürzeren oder weiteren Nähe zum Tode und damit zum Tor zur geistigen Welt verdichtet sich noch einmal die Fülle des gemeinsamen Erdenschicksals. Das Leben rundet sich. Beide wissen, daß jenseits der Schwelle die Menschen als Geister wie Engel sind. Die Frau und der Mann mit all ihren Gattungseigenschaften bleiben vor der Schwelle zurück. Es zählt jetzt nur noch, was die beiden geistig miteinander verbindet. Ist das Leben unter dem Vorzeichen des Trausakramentes gelebt und die Wandlung vom Irdischen zum Geistigen hin von beiden gemeinsam angestrebt worden, dann wird dieses Paar zum lebendigen Symbol. Ihnen wird nicht mehr fremd sein, daß das Opfermotiv und die Wandlung des Irdischen zum Geistigen am Anfang des Sakramentes ausgesprochen werden. Der Dank aller, die dem Schicksal dieser beiden Menschen verbunden sind, wird die umhüllende Stimmung sein. Dankbarkeit den Himmlischen gegenüber, die eine solche Lebensgemeinschaft durch ihre Gnade ermöglicht haben; Dankbarkeit der Gemeinde, die erneut bereit ist, dabei Zeuge zu sein. Dankbarkeit aber auch dafür, daß durch alle Nöte, Entbehrungen und Härten des Schicksals das Band des Bundes gehalten und getragen hat. Sind diese beiden Menschen die Urgroßeltern und Großeltern einer weitverzweigten Familie, wird sich alles zu einem großen Familienfest zusammenfinden können. Sind sie allein, dann wird eine Gemeinde gern die Gelegenheit ergreifen, den Dank für die Treue der Zugehörigkeit und des Mitlebens in der Gemeinde zum Ausdruck zu bringen.

Das Trausakrament wird noch einmal ganz gefeiert, ein Vorspruch knüpft an die erste und die zweite sakramentale Trauung an. Für Menschen, die noch nicht sakramental getraut waren, ist sowohl die Silberne wie die Goldene Hochzeitsfeier eine Möglichkeit, sich dem Sakrament zuzuwenden und seinen Segen zu erfahren.

Motive der Ehe und Hochzeit im Neuen Testament

Die Hochzeit und die Ehe gehören zu den Grundaussagen des Neuen Testamentes – der Schrift vom Neuen Bund. In dieser Bezeichnung klingt schon ein unmittelbarer Zusammenhang an: die Schrift vom Alten und die

Schrift vom Neuen Bund, den die Gottheit mit dem Menschen schließt, und der Bund, den Mann und Frau für das Leben miteinander eingehen.

Eines der ersten Bilder im Johannes-Evangelium ist die Anwesenheit Jesu auf der Hochzeit zu Kana in Galiläa (Joh. 2). Dort vollbringt er die erste der sieben großen Zeichentaten, die dieses Evangelium schildert. Mit seiner Mutter Maria und den Jüngern ist er zu der Hochzeit geladen. Auf die Wandlung von Wasser zu Wein soll hier nicht näher eingegangen werden.[55] Allein die Tatsache, daß er geladen ist und der Einladung folgt, ist für unseren Zusammenhang von Bedeutung. Sieben Tage dauerte das hohe Fest des Lebens. Christus ist bei der Hochzeit zugegen. Wenn Mann und Frau einander in Liebe verbinden und Jesus Christus zum Fest der Vereinigung laden, dann ist er mitten unter ihnen.

Im Matthäus-Evangelium erscheint das Gleichnis von der Königlichen Hochzeit (Matth. 22, 1–14).[56] Hier wird von keiner Hochzeit von Mann und Frau berichtet. Der König bereitet seinem Sohn das Fest. Er lädt dazu ein. Die geladenen Menschen aber wollen aus verschiedenen Gründen nicht kommen. Die geistige Welt, für die der König das Bild ist, lädt den Menschen ein zur hochzeitlichen Vereinigung. Lateinisch heißt Vereinigung Kommunion – mit dem Sohn, mit Jesus Christus. Sinn und Ziel des

55 Emil Bock, Das Evangelium, Betrachtungen zum Neuen Testament, Stuttgart 1984, S. 183 ff.

56 Rudolf Frieling, Das Gleichnis von der Königlichen Hochzeit, in Band 3 Christologische Aufsätze, a. a. O., S. 265 ff.

Gleichnisses ist die Schilderung, wie die Menschenseele und die Menschheit im Ganzen auf die Ladung zur Hochzeit antworten. Die Vereinigung der Menschenseele mit dem Geiste Christi, dem Sohne Gottes, ist hier das Thema. Dieses Bild weist auf die Schau des Johannes in der Offenbarung (Apk. 21,2) hin, bei der die Zukunft der Christenheit als das himmlische Jerusalem erscheint. Die himmlische Stadt senkt sich aus der geistigen Welt hernieder, »bereitet wie eine geschmückte Braut ihrem Mann«. Damit ist die Hochzeit Bild für das Zustandekommen der vollendeten Gemeinschaft zwischen Christus und der Ekklesia.

Doch spricht das Neue Testament auch unmittelbar zur Ehe.

Wichtig sind dabei besonders Matthäus 19,3–12 und Markus 10,1–12. Beide Male stellen die Pharisäer als offizielle Hüter der Moral eine Frage über das Recht der Ehescheidung, um Jesus zu provozieren. Jesus Christus weist auf die Erschaffung des Menschen und die Verbindung von Mann und Frau, die von Gott gesetzt ist. Dabei zitiert er das Wort aus dem Alten Testament:

»Darum wird ein Mensch Vater und Mutter verlassen
und an seinem Weibe hangen,
und werden die Zwei ein Fleisch sein«

(1. Mos. 2,25).

Er fährt fort: »So sind sie nun nicht mehr zwei, sondern ein Fleisch. Was Gott zusammengefügt hat, das soll der Mensch nicht scheiden« (Matth. 19,6; Mk. 10,8,9). Am Anfang der Schöpfung zeigte das Bild des Menschen die

Wesenseinheit des Männlichen und Weiblichen. Christus, der die zweite Phase der Schöpfung auf ihr Ziel hin führt, blickt auf die anhebende Überwindung der Zweiheit der Geschlechter, die durch ihr Zusammenleben wieder eine höhere Leiblichkeit bilden und damit eine Einheit werden. Wirkt bei dieser Zusammenfügung des Getrennten Gott mit, ist er selbst der Anreger dieser Ver-Bindung, dann soll der Mensch aus seinem Willen nicht scheiden, was die Gottheit vereint. – Hinzugefügt werden Worte zur Ehe-Scheidung und zum Ehe-Bruch, die uns Heutigen in ihrer Eindeutigkeit hart anmuten. Geht man aber davon aus, daß Eheleute in ihrem Lebensbund eine Leiblichkeit bilden, die aus dem Zusammenströmen der Lebenskräfte geschaffen wird, und durch das gemeinsame geistige Leben Bildekräfte übernatürlicher Art mit den natürlichen verbunden werden, dann bricht das Gewachsene, wenn ein Partner die Ehe bricht. Das heißt, daß er seine Lebenskräfte dieser Verbindung teilweise entzieht und herauslöst und nicht nur leiblich und personhaft, sondern auch durch diese Kräfte die zeitweise Verbindung mit einem anderen Menschen sucht.

Bedeutsam ist, daß mit Jesus Christus und seiner Wirksamkeit auf Erden die Frau zur vollen Selbständigkeit herangeführt wird.

Nach dem alttestamentlich-jüdischen Recht konnte der Mann allein eine Scheidung vollziehen (5. Mos. 24, 1). Ihr folgte normalerweise eine weitere Ehe. Diese Vorrechtsstellung des Mannes bezeichnet nach Markus 10, 11 Jesus Christus als Ehebruch gegenüber der ersten Frau. Bei allem beachte man, daß die Fragen der Ehescheidung und des Ehebruchs im Neuen Testament nicht so sehr moralische sind, sondern daß der Blick Jesu Christi auf die übersinnlichen und menschlichen Tatsachen gerichtet ist.

Dem Ehebruch ist im 8. Kapitel des Johannes-Evangeliums eine eigene Perikope (Evangelienabschnitt) gewidmet: Eine Frau war auf frischer Tat beim Ehebruch ergriffen worden. Die Schriftgelehrten und Pharisäer – Anwälte des Rechtes und der Moral – führten sie herbei. Sie stellten sie in die Mitte und wiesen auf die unbarmherzige Härte des jüdischen Gesetzes. Auf Ehebruch stand die Todesstrafe durch die Steinigung (5. Mos. 22, 22 ff.). Vermutete ein Mann, seine Frau habe die Ehe gebrochen, so konnte er verlangen, daß sie sich einem Gottesurteil unterstellen sollte (4. Mos. 5, 11–31). Schweigend bückte sich Jesus nieder und schrieb mit dem Finger auf die Erde. Die Männer setzten ihre versuchenden Fragen fort. Jesus richtete sich auf und antwortete:

»Wer unter Euch ohne Sünde ist, der werfe den ersten Stein auf sie.«

Das Gesetz, seine Ordnung und seine Gewalt, die von außen das Leben der Menschen fügen, verlegt er nach innen. Wer von sich selbst sagen kann, daß er frei von Schuld sei, der möge den ersten Stein der Strafe und Verurteilung werfen. Die Umstehenden hören es. Sie gehen hinaus, einer nach dem anderen. Die Ältesten, die die meiste Schuld in ihrem Leben auf sich gehäuft haben, als erste. Schließlich stehen die Frau und Jesus Christus allein:

»Weib, wo sind sie, deine Verkläger? Hat dich niemand verdammt?«

Sie aber sprach:

»Nein, Herr, niemand.«

Jesus aber antwortete:

»So verdamme ich dich auch nicht. Gehe hin und sündige fortan nicht mehr.«

Verurteilung oder gar Verdammung kommen nicht mehr in Frage, wenn die Menschenseele vor Christus steht. Gott ist nicht der Richter, Gott ist wesenhaft Liebe. Die Worte, die dieser Perikope folgen, lauten: »Ich bin das Licht der Welt. Wer mir nachfolgt, der wird nicht wandeln in der Finsternis, sondern wird das Licht des Lebens haben.« Im Lichte des Lebens erscheint von selbst, welchen Charakter eine Tat hat. Hat der Mensch ein Bewußtsein von dem, was er tut, und schaut er es an im Lichte dessen, der selbst das Licht der Welt ist, dann wird er die Kraft haben, hinzugehen und nicht mehr zu sündigen. Er weiß, daß die Hand Gottes die Tatenfolgen der Erde einschreibt. Diese Taten haben, wie alles Tun des Menschen, das sich von ihm löst, neben der subjektiven eine objektive Seite. Was wir Menschen tun, ist der Erde eingeschrieben.

Die Bergpredigt enthält in ihren neuen Geboten ebenfalls Grundaussagen zum Thema der Ehe.

Wieder wird das Gesetz des alten Bundes verwandelt und nach innen verlegt.

»Ihr habt gehört, daß gesagt ist [2. Mos. 20, 14]: du sollst nicht ehebrechen.«

Das 6. Gebot aus dem Dekalog wird angeführt. Nun folgt:

»Ich aber sage euch: Wer eine Frau ansieht, ihrer zu begehren, der hat schon mit ihr die Ehe gebrochen in seinem Herzen. Wenn dir aber dein rechtes Auge Ärgernis schafft, so reiße es aus und wirf es von dir. Es ist dir besser, daß eins deiner Glieder verderbe und nicht der ganze Leib in die Hölle geworfen werde.

Wenn dir deine rechte Hand Ärgernis schafft, so haue sie ab und wirf sie von dir. Es ist dir besser, daß eins deiner Glieder verderbe und nicht der ganze Leib in die Hölle fahre« (Matth. 5,27ff.).

Nach der Bergpredigt beginnt das Problem des Ehebruches bei der Wahrnehmung der Sinne. Wie sieht ein Mensch die Welt? Wie sieht das Auge eines Mannes eine Frau? Sieht das Auge klar und hell, oder wird schon die Wahrnehmung durch das Begehren getrübt und damit das Herz anfangsweise verführt? Das rechte Auge und die rechte Hand – das Sehen und das dem Sehen folgende Handeln können Ärger schaffen, wenn Initiative und Tat – die rechte Seite des Menschen – in Richtung des Bruches der Ehe zielen. Die Reinheit der Sinneswahrnehmung ist daher auch für die Beziehung der Geschlechter ein wichtiges Element. Schon bei der Beschreibung des Sündenfalles ist es das Auge und das Sehen, die am Anfang des Falles stehen: »Und das Weib *sah*, daß von dem Baum gut zu essen wäre« (1. Mos. 3,6). Die Sinneswahrnehmung wird verstellt durch eine begehrliche Begrifflichkeit, die Luzifer in Gestalt der Schlange verursacht.

Für uns Heutige sei gesagt: Seelisch ist es eine wirksame Hilfe für den, den das Auge zu inneren Bildern verführender Art verleitet, reine Bilder der Natur regelmäßig übend zu sehen. Die Zuwendung zu den Pflanzenkräften in der lebendigen Natur reinigt die Bilder der Seele; Pflanzen beobachten im Garten und im Wald, ihren schaffenden Spuren nachzusehen. In diesem Sinne ist die Bergpredigt Wegweiser für eine Reinigung der Sinne als Ursachenschicht möglicher Probleme. Viel zu wenig wird im Zeitalter der Bilderflut auf diese Problematik geachtet. Schon Kinder und werdende Jugendliche werden durch das, was die Augen sehen, zu sexuellen Bildern provoziert, die in der Seele ihr rumorendes Eigensein führen. Ein waches Anschauen eines Zeitungskiosks oder die Beobachtung dessen, was heute Werbung vielfach demonstriert, zeigt, wie stark sich dieser Bereich ausgebreitet hat, das Begehren der Menschen zu entfachen. – Das regelmäßige Anschauen gottgewirkter Bilder, wie sie in der Schöpfungswelt draußen in der Natur vor uns stehen oder im kultischen Bild vor dem Auge der Gemeinde erscheinen, reinigt und heilt. Wenn wir unsere Kraft dahin lenken, daß wir aktiv das Gute sehen und im Sinne des Reinen handeln, dann vollbringen wir etwa das, was die Bergpredigt das Ausreißen des Auges und der Hand nennt, wenn sie Ärgernis schaffen.

So ist das Neue Testament voller Aussagen und Bilder zur Ehe und zu Motiven der Hochzeit.

Eine Aussage Rudolf Steiners zur Ehe

> Durch die Ehe wird ein Zentrum der Ich-Kraft begründet. Wer die Ehe zerstört, wird daher in demjenigen geschwächt, was der Ich-Kraft zufließen soll. *Rudolf Steiner*

Im Jahre 1913 hat Ferdinand Freiherr v. Paungarten eine Sammlung von Äußerungen der damals bekanntesten Persönlichkeiten in einem Band herausgegeben, der den Titel trägt: »Das Eheproblem im Spiegel unserer Zeit«.[57] Den Autoren war die folgende Frage mit der Bitte um Antwort und Stellungnahme vorgelegt worden: »Halten Sie die gegenwärtige Form der Ehe für die *einzigmögliche*, ohne welche auf die Dauer ein Rückgang der Menschheit in ethischer, ästhetischer, rassen-hygienischer und somit kultureller Beziehung zu befürchten wäre?« Geantwortet haben u.a. August Bebel, Richard Dehmel, M.E. delle Grazie, Ernst Haeckel, Sigurd Ibsen, Peter Rosegger, Hans Thoma, Frank Wedekind. Die Antworten fallen ganz verschieden aus. Es lohnt, die Antwort Rudolf Steiners im Wortlaut hier wiederzugeben:

»Verehrter Herr Baron! In Ihrem Rundschreiben geht die erste Frage dahin, ob man die Meinung haben könne, daß eine Krise in der Ehefrage bestehe, die nach Reformen drängt. Die Antwort auf diese Frage hängt davon ab, welche Vorstellungen man über die Bedingungen hat, unter welchen von der Ehefrage überhaupt gesprochen werden

57 Ferdinand Freiherr v. Paungarten, Das Eheproblem im Spiegel unserer Zeit, München 1913.

kann. Diese Bedingungen sind dadurch gegeben, daß der Mensch sich durch die Ehe nach zwei Richtungen hin in ein Ganzes der Menschheit hineinstellt. Deshalb kann er sich keineswegs das volle Recht zusprechen, über die Ehefrage nach persönlichen Gesichtspunkten Forderungen zu stellen. Das eine Ganze, in das sich der Mensch durch die Ehe hineinstellt, ist der soziale Zusammenhang, in dem er lebt: Religionsgemeinschaft, Staat usw. Nicht allein der Mensch, welcher die Ehe schließt, hat ein Interesse, daß die Ehe zu seinem Gedeihen sei, sondern auch dieser Zusammenhang. Indem der Mensch diesem Zusammenhange dienen will, muß er in der Lage sein, mit Institutionen, welche er eingeht, dem Ganzen Opfer zu bringen. Daher ist jede Diskussion über die Ehefrage unmöglich, wenn *nur* die individuellen Interessen der Eheschließenden in diese Frage einbezogen werden. Die sozialen Zusammenhänge aber werden z. B. ein Interesse daran haben müssen, daß die Ehe, die ihrem Wesen nach so eng mit der Aufrechterhaltung dieser Zusammenhänge verbunden ist, als ein *stabiles* Verhältnis gelten könne, mit dem gerechnet werden kann, wenn es einmal besteht. Gewiß können die individuellen Interessen mit den allgemeinen in Konflikt kommen; die Lösung der Frage liegt aber dann doch darinnen, daß der einzelne seine Interessen nicht über diejenigen seines sozialen Zusammenhanges stellt.

Das zweite Ganze, in das sich der Mensch durch die Ehe hineinstellt, ist die Familie, und damit in die ganze Entwicklung der Menschheit. Das Normale ist doch, daß die Ehe mit den Kindern zur Familie führt. Deshalb ist das Verhältnis des Mannes zur Frau nur ein Teil dessen, was für die Ehefrage in Betracht kommt; der wesentlichere ist, normalerweise, die Sorge um die Familie, also um folgende Generationen. Damit aber wird die Ehefrage zur Familienfrage. Wer nun die Kräfte richtig beurteilt, welche in dieser Beziehung in der Gegenwart walten und wohl auch für eine ferne Zukunft walten werden, dem wird klar, daß mit dem Kinde, an dem des Mannes und der Frau Herzen in gleicher Weise hängen sollten, ein Band gegeben ist, das zurückwirkt auf die Stabilität der Ehe; und diese zweifellos fordert. Etwas anderes aber kann ich in der modernen Ehefrage überhaupt nicht sehen, als die Frage nach größerer oder geringerer Festigkeit und Unauflöslichkeit des Bandes. Alle anderen Fragen gehen doch immer auf diese zurück, wenn man sich auch dessen nicht in allen Fällen bewußt ist. Und sobald die Ehe in ihren notwendigen Zusammenhang hineingestellt wird, zeigt sich, daß sowohl der soziale wie der Familienzusammenhang immer dazu zwingt, die Stabilität anzuerkennen, wie auch die persönlichen Interessen zu anderem neigen mögen. In solchen Dingen kann der Mensch nicht nach individuellen Bedürfnissen Institutionen gestalten; er muß diese Institutionen dem Bestande des Ganzen anpassen.

Wer so denkt, dem kann die »Krise in der Ehefrage« gar nicht als eine solche erscheinen, die *für sich* aus sozialen, historischen Gründen usw. beurteilt werden kann. Die Sache ist vielmehr so, daß die Gegenwart den Menschen auf vielen Gebieten in einen gewissen Gegensatz bringt zwischen dem Ganzen eines Zusammenhanges und seinem individuellen Erleben. Dieser Gegensatz wirkt in viele Verhältnisse der Gegenwart hinein, und nur eines dieser

Verhältnisse ist die Ehe-Institution. Was nun aus dieser Tatsache für viele Ehen folgt, hängt *gar nicht von dem Wesen der Ehe* ab, sondern von Dingen, welche außerhalb dieses Wesens liegen. Es können z. B. Ehen unglücklich verlaufen; aber dieses Unglück braucht gar nicht von der Ehe abzuhängen, sondern davon, daß der eine oder beide Gatten überhaupt nicht zur Verträglichkeit erzogen sind. Hier ergibt sich der Blick von einer einzelnen Institution auf die großen Geistes- und Kulturfragen der Gegenwart. Und solange diese in einem solchen Flusse sind wie gegenwärtig, führt die Erörterung einer Einzelfrage zu nichts Erheblichem. Eine Welt- und Lebensanschauung, welche den Menschen innere Ruhe und Harmonie gibt, wird ihre Wirkung auch auf die Ehe haben; und die *Form der Ehe* wird dann auf diese Wirkung gar nicht von Einfluß sein.

Aus dem Gesagten ergibt sich, daß die ›Ehefrage‹ mit der modernen Frauenbewegung im tieferen Sinne gar nichts zu tun haben sollte. Beide sollten ganz getrennt voneinander gehalten werden. Was auch mit der Frauenbewegung gewollt oder erreicht wird: auf die Familienfrage hat dies *unmittelbar* keine Wirkung. Denn es gehört z. B. auf ein ganz anderes Gebiet, ob durch die Hebung der sozialen Lage der Frau auch die Erziehung günstig beeinflußt werden kann. Das kann sie gewiß. Aber alle Forderungen, die durch das Wesen der Familie gegeben sind, bleiben für sich bestehen, wie auch die Forderungen des einen Teiles, der zur Ehe schreitet, im übrigen sozialen und Geistesleben sich gestalten.

Aus all diesen Gründen muß ich Ihnen, verehrter Herr Baron, über Ihren Haupt-Fragepunkt und zugleich zu dem vierten Punkte meine Meinung dahin aussprechen, daß die ›Form der Ehe‹, wie sie sich bei den gesitteten Völkern des Abendlandes herausgebildet hat, *durch ihr eigenes Wesen* niemals zu irgendeinem Kulturrückgang, auch zu keinem solchen in ethischer, ästhetischer oder in rassenhygienischer Beziehung beitragen könnte; ein solcher müßte von ganz anderen Dingen, z. B. Fragen der Weltanschauung, der inneren Seelenharmonie usw. herrühren. Er könnte sich in der Ehe *äußern*, aber niemals durch die ›Form der Ehe‹ bewirkt sein.

Hochachtungsvollst
Dr. Rudolf Steiner«

Sinn und Zukunft der Ehe

Nur der Mensch, der Glaube in sich selbst hat, ist fähig, anderen treu zu sein...
Erich Fromm

Erich Fromm hat in seinem weitbekannten und viel gelesenen Buch »Die Kunst des Liebens«[58] Bemerkenswertes ausgeführt. Nach ihm ist deutlich, daß jeder Versuch der Liebe fehlschlagen muß, »solange man sich nicht bemüht, die eigene Gesamtpersönlichkeit zu entwickeln und damit zu einer schöpferischen Orientierung zu gelangen, und daß man in der individuellen Liebe keine Befriedigung finden wird, solange man nicht imstande ist, seinen Näch-

58 Erich Fromm, Die Kunst des Liebens, Frankfurt 1977, S. 13.

sten zu lieben und dies wirklich demütig, mutig, ehrlich und diszipliniert tut«.

Liebe ist eine wirkliche Lebenskunst, will man nicht nur geliebt werden, sondern die Fähigkeit erlernen und üben, Liebe zu schenken und den anderen wirklich zu lieben als den Nächsten, mit dem das gemeinsame Schicksal verbindet. »Wenn man es in irgendeiner Kunst zur Meisterschaft bringen will, muß man ihr sein ganzes Leben widmen.«[59] Wer in diesem Sinne ein Lebenskünstler werden kann und will, der wird auch die Erfahrung machen, daß jeder Tag einer Ehe Neues, Belebendes und Bereicherndes bringen kann. Selbst Krisen bekommen dann ein anderes Vorzeichen. Der Alltag ist dann nicht die ewige Wiederkehr des Gleichen, sondern mit den Jahren gemeinsamen Lebens steigert sich die Fähigkeit, dem anderen immer mehr zu geben und mit ihm Gutes, Wahres und Schönes zu erleben.

Die Liebe der Menschen zueinander hat ihre Wurzel in der Liebe zu Gott. »Das Anliegen der wahren Liebe gründet sich vor allem auf den Glauben«, sagt Solowjew. Und er versteht »unter dem Glauben an den Gegenstand unserer Liebe die Bejahung dieses Gegenstandes als eines in Gott Seienden und in diesem Sinn unendliche Bedeutung Besitzenden...«[60] Gottesliebe und Menschenliebe ergänzen, durchdringen sich. Die Liebe zu Gott wird zum Quellgrund der Liebe zum anderen Menschen. Der Part-

59 a.a.O., S.145.
60 Wladimir Solowjew, Philosophie der Liebe, Freiburg i.B. 1953, S.251.

ner bekommt damit, wie der russische Philosoph sagt, »unendliche Bedeutung«, weil er aus der endlichen und vergehenden Welt mit seinem wahren Wesen in die unvergängliche und unendliche Welt hineinragt. Deswegen ist das Lebensgefühl der wirklichen Liebe auch mit dem Gefühl der Unsterblichkeit verbunden.

Am Anfang des Buches haben wir zu zeigen versucht, daß die Zweiheit der Geschlechter von Mann und Frau eine Folge des Falles vom gottgeschaffenen Urzustand ist. Knüpft die Ehe durch das Sakrament an die Erlösungstat Jesu Christi an, die sich in der Liebe zum Du als dem Nächsten betätigt, dann bekommt sie einen kosmologischen Sinn und umfassende Bedeutung. Sie verbindet die Getrennten wieder zur Einheit. Diese Einheit kann zunächst im Übersinnlichen, der geistigen und seelischen Verbindung gesucht und gepflegt werden. Darüber hinaus bilden die Lebenskräfte auch durch das Zusammenleben im Rhythmus der Zeit eine beide Ehepartner umgreifende objektive Hülle. Die beiden »werden sein ein Fleisch« (1. Mos. 2, 24). Was in der Sinneswelt als zwei Körper im Raum erscheint, ist übersinnlich ein Gebilde qualitativer Art, in das die Eheleute ständig hineinwachsen und das sie wie eine tragende und wärmende Hülle durchdringt. Sie vermögen dadurch am neuen Menschen zu bilden. So wie dieser als Kind durch Zeugung erscheinen kann, führen sie aus Über-Zeugung den Menschen allmählich ins Leben ein, der »von oben her« (Paulus) gezeugt und geboren wird. Im Johannes-Evangelium sagt Jesus Christus zu Nikodemus: »Wer nicht von oben neu geboren wird, der kann nicht in das Gottesreich gelangen« (Joh. 3). Die Ehe ist in dem Maße ein Sakrament, als sich Mann und Frau als Bürger des Reiches Gottes in den Bereich anfangsweise einleben, der über den Tod hinaus bleibt. In der lebendigen Verbindung – dem neuen Bund – mit Christus wird die Ehe zum heiligen Bund. Er schenkt die Kraft, Zukunft schon jetzt zu begründen und an ihr zu bauen. Einst wird die Zukunft die Überwindung der Zweiheit der Geschlechter und damit den Menschen wiederbringen, wie er am Anfang von Gott geschaffen war und am Ende mit Gott wieder geschaffen sein wird. »Gott ist die Liebe und wer in der Liebe bleibt, der bleibt in Gott und Gott in ihm« (1. Joh. 4, 16).

Weiter Bücher von Johannes Lenz

Der Gottesdienst für die Kinder

56 Seiten, kartoniert

Diese Schrift führt in den Kindergottesdienst der Christengemeinschaft ein. Inhalt und Hintergrund des Rituals werden geschildert, die theologischen wie menschenkundlichen Aspekte werden behandelt. Es wird dargestellt, welche religiösen, aber auch padagogischen Hilfen durch diese Handlung gegeben sind und welche Rolle Eltern und Paten für den Heranwachsenden spielen.

Die Konfirmation

Von der Kindheit zur Jugend

88 Seiten, kartoniert

Dieses Buch behandelt die Konfirmation in ihren religiösen und pädagogischen Bezügen und veranschaulicht den Rang, den dieses Sakrament in der religiösen Entwicklung des Menschen einnimmt. Es macht die Entwicklungsschwelle deutlich zum beginnenden Erwachsenwerden der Geistesfähigkeiten.

Die neue Beichte

Eine Einführung in das Sakrament

52 Seiten, kartoniert

Das Sakrament der Beichte, wie es in erneuerter Form in der Christengemeinschaft gepflegt wird, geht über die Ebene von Erinnerung und Gewissen, mit der es die Psychoanalyse zu tun hat, hinaus, indem sie eine Vergegenwärtigung des christlich-moralischen Sinns des Menschenlebens darstellt. Aus dem Bewußtsein, vor Gott zu leben, werden im Beichtgespräch die entscheidenden Lebensfragen deutlich.

Von der Wirksamkeit des Auferstandenen

Der Gang der Jünger nach Emmaus.

»Vorträge« 24. 36 Seiten, kartoniert

KURT VON WISTINGHAUSEN
Der neue Gottesdienst
Zur Einführung in die Menschenweihehandlung
3., erweiterte Auflage, 96 Seiten, kartoniert

KURT VON WISTINGHAUSEN
Die erneuerte Taufe
Eine Kindertaufe
2., überarbeitete Auflage, 116 Seiten, 4 Abbildungen, kartoniert

HANS-WERNER SCHROEDER
Vom Erleben der Menschenweihehandlung
40 Seiten, kartoniert

KURT VON WISTINGHAUSEN
Das neue Bekenntnis
Wege zum Credo
2. Auflage, 96 Seiten, kartoniert

HANS-WERNER SCHROEDER
Das christliche Bekenntnis
Ein Übungsweg
160 Seiten, 6 Abbildungen, Leinen

RUDOLF FRIELING
Vom Wesen des Christentums
3. Auflage, 48 Seiten, kartoniert

ALFRED SCHÜTZE
Vom Wesen der Trinität
2. Auflage, 207 Seiten, kartoniert

VERLAG URACHHAUS STUTTGART